本書の主要部分となる第1章は、
『心のサインを見逃すな』（ハート出版　平成9年刊）に加筆・修正したものです。
また、その他の章は左記それぞれを加筆・修正のうえ掲載しました。
第2章『月刊教育ジャーナル』（学研教育みらい）
第3章『月刊児童心理』（金子書房）
再掲の許可をいただきました版元様に感謝申し上げます。

みなさん、覚えていますか？

「透明な存在」

みなさん、この言葉覚えていますか？　一九九七年（平成九年）二月から五月に起きた神戸連続児童殺傷事件で、犯人の男子中学生（14歳）が犯行声明文として神戸新聞社に送り、自身をこのように表現したのです。そして彼は、殺人する自分を「酒鬼薔薇聖斗《さかきばらせいと》」という魔物の名を使い、別人格として気持ちを「楽」にしていたと鑑定では述べています。その当時、「透明な存在」という言葉は、人と人の関係が希薄化する中で自分や他人の命の実感がつかめないという思春期の子どもたちの心と重なって、新聞やテレビなどでも大々的に取り上げられ、時代のキーワードにもなりました。私の相談室に訪れる親御さんは、そうした風潮もあってか、

「わが子は大丈夫か」

「わが子が被害者にならないようにするには、どうしたらよいのか」

といった不安を訴えていました。当然ですね。わが子が被害者にならないようにするための知恵や方法、対策を教えてほしい、というわけです。それは親子のつながりを深めることで存在としての自己肯定感を高めることにありました。

その後も青少年犯罪は、急激に増えることはないにしても起こりつづけて、陰惨で「猟奇的」になっているのです。またSNS（ソーシャル・ネットワーキング・サービス）でのやり取りが同年代の仲間同士の交遊で広がり、そのトラブルから歯止めがきかない事件も続いています。

さらに、ごく「普通の子」が「野宿」などといって深夜〝徘徊〟から事件に巻き込まれていく事件もあります。「低年齢」化も気になります。

子どもたち総体として「透明な存在」化が進み、命への共感性がない中で「人を殺したらどうなるか」という自分勝手な動機で残忍な犯罪を起こしたり、心のつながりを家族間に実感できずに、命の危機を見抜けない行動をしていたりするのです。

そして、二〇一五年二月。昨年の佐世保高一女子生徒殺害につづいて、今度は川崎中一殺害事件がむごたらしい形で起こりました。しばらくすると、被害者、加害者の少年たちの親がともに「仕事」に忙しく、子どもの日常に目が行き届かないという子育て環境にあったことが分かってきました。

殺害された中一男子の母親もこんなコメントをマスコミに出しました。

「息子が学校に行くよりも前に私が出勤しなければならず、また、遅い時間に帰宅するので、息子が日中、何をしているのか十分に把握することができていませんでした」

働く母親たちから経済的貧困ばかりでなく「時間貧困」にもなっているとの共感の声が多数寄せられたようです。「仕事」優先のなかで、子どもとの関係が「透明な存在」になり、わが子の心の変化に関心がなくなり、SOSの声を聴くセンスさえ失っているのです。さらに、家族全体がバラバラになっていることさえ気づかずに、それぞれが自分中心の「私事化」の生活になっているのです。すると、私の耳に入ってくる親の不安のつぶやきが神戸事件のときと変わってきました。

「うちの子は加害者にならないでしょうか」

「加害者の親にならないために、どうしたらいいのですか」

心情的には差異はないと思いますが、わが子が「加害者」になることも身近になったのです。そして親の心のどこかに、自分自身の「子育て責任」を問われないかと案じ悩むことが優先的になっているのです。

「加害者」「被害者」にさせない方法は、言うまでもなく、まず第一義的に親やまわりの大人にあります。だから「透明な存在」としての親子関係に代わって子どもの自己肯定感を高めてくれる〝教育行政サービス〟を親以外の場にさがし求めていたりするのです。しかし子どもが「被害者」「加害者」になる表裏一体の子育て環境の中で、自らの命の危機を回避できるのは、上下の瞼《まぶた》を閉じたその一瞬に面影として母や父や家族、また信頼を寄せる大人が浮かんでくることです。

「瞼の母」「瞼の父」「瞼の先生」がいるかどうかです。そのためには親や先生が日頃から子どもの声なき声を聴けるだけの手間かけた関係を築いているかにかかってくるのです。

子育ての原点に還《かえ》りたいと思います。

それが本著の願いです。

わが子がなぜ…、という親の嘆き

大人も含め人間関係の希薄化に歯止めがかからない文化、子育て環境が形成され続けています。今は様々な情報サービスがあふれ、「ＳＮＳ」なるものもあります。人としての関係性があやふやになり、モラルもルールも「常識外」が「普通」になりつつあります。もっとも大切な「人は一人では生きては行けない」というセンス、感性が磨かれない社会になりつつあります。「いのち」の働きが見えにくいのです。

この世の中に生きている私たちにとって、社会を震撼させる犯罪も決して「他人事」ではありません。なぜならその犯罪のほとんどは人間関係によって起こるからです。わが子も、そして親、家族もその「他人事」にならない人間関係の中で付きあい、生活しているのです。互いが被害者、加害者という関係にならないで人間関係を築きあうことが大切です。

とくに子どもには、〝心や命の危機〟に襲われたときにどんな形でセルフコントロールをすればいいのかを、日常生活の中で伝えたいものです。それは「子育てハウツー」ではすまない、もっと根源的な親と子、人と人の関係づくり、暮らし方、生き方にあると思います。

◆「いい子」が加害者、被害者になりやすいのは……

誰一人、この世に「悪い子」で生まれた子はいません。

親をとっちめてやろう！

先生を困らせてやろう！

友だちをいじめてやろう！

「落とし前」をつけてやろう！

そんな思いをもって誕生した子はいません。だから誕生にあたって自己責任を問われる人はいないのです。

そして、誰一人「悪い子」に育ててやろうと思って子育てしている親や先生もいないでしょう。ところが子どもによる悲しい事件は起き、繰り返されています。どうして純真無垢で生まれた子が人として冷え切った心を持ってしまうのか。誕生からかたわらで寄り添い、子育てしている親にとってはただ心を痛め、手をこまねいているだけではいられないと思います。また、被害者、加害者になる可能性が身近になってきた危惧を感じている親や先生の声もかつてに比べて増えているように思います。

親と子、先生と生徒の関係は「対」なので、いくら「親だって自分のことで忙しい」といっても、生きていく〝パートナー〟としてその共同責任から互いに逃げられない関係にあります。だから「悪い子」にしたら、その責任を親も先生も背負わなければなりません。そのことを思い起こせば「悪い子に育てよう。なってもかまわない」とは思えないはずです。

「悪い子」で生まれた子もいなくて、「悪い子」に育てようと思い続けている親も先生もいないのに、事件は起こり続けています。「純真無垢」と思いたい年齢、子育て環境の中で「猟奇的犯行」

が起きているのです。

しかし、どこの家にも起こっているわけではありません。そしてどの子も加害者、被害者になっているわけではありません。だからといって、わが子が事件の「当事者にならない」と断言はできません。そして子どもだけでなく、その子どもを育てている大人の私たちも、事件を起こすような「悪い人間には絶対ならない」と言い切ることはできません。それだけに少年事件を子どもたちだけの問題にはできません。私たち大人も、自分の子ども時代を思い返して、事件当事者の心をていねいに見ることです。親のいない人は一人もいません。自分の親子の関係を振り返り、今、親としてやって良いこと、悪いことを学んでおく必要があります。

するとそこに、どんな「キレ」ない子育ての働きや、子ども自身の境界線を越えない自制心があったら良かったのでしょうか。

◈問題が何もないことが問題

お金の管理に無頓着な父親の金庫から度々お札を抜き取り、同級生に貸し与えることで〝援助交際〟を紹介し、返さないと少しずつ暴力化していった高一女子の母親の後悔の言葉です。

夫は報酬とは別にいろいろな方から、いろいろな名目で現金をいただくことが多く、それは夫の〝ステータスシンボル〟であったと思います。

そしてそのお金は無造作に夫の部屋に置かれてありました。子どもは小さいころからそれを見て育っていたので、私は心配していました。

夫は「この金は俺の物だ」と言って私が預かることとさえ許しませんでした。お金で友人を支配し、その効き目がなくなると相手の子に傷を負わせるような娘に、なぜなったのか。夫でしょうか。

私は常に夫への人間的不信を娘に言っていたので、夫のような感覚は娘の身に付いていないと信じていました。

夫はお金を抜き取られたことはまったく知りませんでした。夫がお金をもっとしっかり管理していれば、事前に娘の過ちを止められていたのに……、悔しいです。


いわゆる〝良家のお嬢さま〟的な雰囲気が、今も子どもからも、そして母親からも伝わってきます。きっと両親ともこのような「悪い子」に育てようと思ってはこなかったでしょう。そして子どももそんな素振りを親に感じさせるようなことのない「いい子」に育っていたのです。

父親がステータスシンボルにするその根っ子にどんな価値観があるのか。そしてそこに正面からぶつかることなく冷静さを装い、陰になっては娘に夫不信を耳打ちしてきた母親。

父親の部屋に入り、初めてお札にふれ過ちをおかすときの娘の心境を思うと「誰か私を見つけて。そして『どうしたのよ』と聞いてよ」という叫びが聴こえてくるようです。この子は親に素直に「私とんでもないことをしているの」と甘えられなかったのです。これまでの生い立ちの中で、困ったときや心がもやもやしたときに、素直に親や担任の先生などに助けを求める道を閉ざされていたのです。どこか心の中では防衛的、突っ張って生きるしかなかったのです。

近頃「子どもの問題はわかっていたが、生活に忙しかった」という働く親の〝時間貧困〟の問題が取り上げられたりしていますが、子育ては時間ではなく、関心の向け方、質です。子どもの成長を学力で見ている親がいますが、本当は人間性であり、関係性の取り方です。もつれた人間関係から起こる問題をどのようにほぐしていくのか、そこに人の成長があるのです。

「問題のない〝いい〟子が問題だ」という見方を、母親も父親も子育ての中で見落としていたのでしょう。トラブルはつながりを作ったりするものです。トラブルさえもないと、つながりに冷めていくしかなくなります。善悪の境も、幼児期からの夫婦げんかや対話にふれて学ぶものです。この家庭には、そんな家庭環境がなかったと思います。ワルの素振りをあえて見せることのない〝いい子〟でいる日々に娘は呻吟《しんぎん》していたのではないでしょうか。

「誰か私を叱って、誰か私を摑んで！」と。

もちろん自分の腕を摑まえてほしかった相手は両親であり、先生だったと思います。

◆「いい子」も「したたか」になる

最後に自分の命を守るのは自分です。別な表現をすると、自助なきところに互助も公助もないということです。まず自分がなんとか生きようとするから互助の手が差し出され、システムとしての公助の働きが出てきます。'97年の神戸連続児童殺傷事件の14歳の加害者少年は「グロ」的に猫殺しや殺害の話を友だちや母親にも話していたようですが、「おかしい」と言われたままで相手にされなかったようです。、そして15年の川崎中一殺害事件の被害者少年も「ＳＯＳ」を自ら出していました。しかし周りの大人が互助、公助の働きを自覚できなかったのです。

芸術系大学に通う女子大生（18歳）は、人通りの多い駅前でマスコミ風の若い男性から女子大生の生活をキャッチする番組へのインタビュー協力を頼まれました。

そして「事務所」という一室で取材撮影が終わると、そこの男性スタッフ三人から「お礼」ということで飲みに誘われました。

アパートではない自宅通学の安心感もあって連絡先を教えました。気づけば「仕事」なのか、それともしつこさに飲み込まれたのか、今では不明のまま意にそわない「仕事」に〝出勤〟し、第三者からみたら「したたか」な〝キャッチ〟をしているのです。

父親の嘆きです。

『箱入り娘』という言葉がありましたが、小・中・高と部活にも積極的で友だちもたくさんいました。大学生になってからは仲の良い女性同士で泊まりがけの旅行にも出かけ、両親もそれを歓迎していました。人間関係も上手でトラブルなど聞いたことのないよくできた娘でした。

あの娘がなぜ『仕事』という言葉に騙されたのか、分かりません。そして娘は今もって警戒心をもちながらも『仕事』を断れないのです。親の話にも耳を貸しません。

生きるうえで、危機の境界線を体感するのは人間関係から学んだ臭覚です。それは傷ついたり癒されたりする様々な経験のなかから学びとる感性です。その感性が自己中心に働くと手練手管になって、「したたか」と言われたりします。そこには親やまわりの大人に裏切られつづけた幼児期の体験があったりします。誰だって人をだますようなクセは身につけたくはありません。

女子大生が父親の言うような世間知らずの「うぶな娘」で被害者なのか。それともこの経験のなかで、生き延びるために「したたか」さを学び、気づけば加害者になっているのか。わが身を守るために「いい子」も「したたか」になります。

別に粗暴な言動をしている子どもだけが「加害者」や「ワル」になっているわけではないのです。まさに、子どもたちが加害者や被害者になってしまうのは、なんらかの事情で心の危機を持て余したときに素直に「助けてください」と「甘える」育ちを学べなかったことから起こるのです。

◆「加害者の親にならないために」という相談から……

ところで先にもふれましたが川崎中一殺害事件を切っ掛けに、幼児期の子育てに日々あくせくしているお母さんから不思議な声が聞こえます。

いじめ事件でも被害者がいれば加害者もいるわけです。そしてこれまでの親の相談のほとんどは、「被害者にならないために」が中心でした。わが子が命の危機を直接受けるからです。

ところがこのところ、「加害者の親にならないために」と親の子育て責任を案じる人が出ています。「家《うち》の子に限ってそんなことをするはずがない」と断言できる良い意味の関係性の深さと信頼が希薄になって、親の保身にもなっているのです。

被害者と加害者は紙一重です。他殺の前に自殺念慮《ねんりょ》があるように、加害者の子は、かつて親を含めた誰かから受けた〝心の傷〟が癒されていないのです。つまり「忙しい」「生活が大変だから」「手をかけてやる暇がない」との理由で叱りっ放し、殴りっ放しで、その後のフォローがないままゆとりなく生活が営まれているのです。これは高学歴、高収入の家庭でも同じです。すると親と子が互いの事情に心を寄せる前に自分の立場を優先してしまうのです。とくに親の「私事化」が強まっているのです。

次章から、これまで出会ってきた多くの子どもや親、ときには教師たちとの相談室でのやり取りをふり返りながら、こうした「事件」の背景を、親子関係から探ってみたいと思います。起きている事件をふり返って、被害者と加害者にすぐに分けて見る日常に少し戸惑ってみませんか。害を加えたほうが「加害者」なのですが、もう一歩踏み込んで、「なぜ、加害者になったのか」と、加害者の心の奥底をみるのです。するとそこに、被害者であった悲しみをもっていたりするのです。そしてその不条理を誰にも聴いてもらえず、そのために人間不信をもって「したたか」に生きるしかなかったのです。いや、したたかすらなく、神戸事件の少年のように日々「透明な存在」として「酒鬼薔薇聖斗」という名前をつけ、別人格で犯行に近づいていることもあるのです。

そんな中で、「だからといって殺すことはないじゃないか」と大人から言われても、それすら実感をもった声として子どもの心に届かないのです。対面し肉声で語り対話する関わりが少なく育っているのです。そう思うと意外に加害者へのハードルは高くないのです。事件の本質は案外、そういう所にあるのかもしれません。

そう、それは「予期していなかった」出来事ではなく、誰もが通過する「予期できた」出来事の中に、神戸・佐世保・川崎、あるいは大阪府寝屋川での事件や、コミュニケーション不全から起きるいじめ、自殺、引きこもり事件もあるのかもしれません。

あらためて問いかけます。生涯「悪い人間」にならないと断言できる人がいるでしょうか。努力はしても断言はできません。また、「悪い人間」のまま生きていけると断言できる人がいるでしょうか。その精神的孤独には耐えられません。

なぜなら、人は優しさにふれると優しくなれるからです。いや、なりたいのです。なぜなら、人はそれほど孤独に強くないからです。「悪い子」が求める優しさとは、あきらめないで関わり続けてくれることです。関わりは無関心ではないという証です。だから叱られることも優しさと受け止められるのです。

しかし、その優しさに何度気づいても、同じ過ちを繰り返すことがあります。子育てしている大人の私たちもその一人です。

だから、罪や過ちを犯してしまったことも重大なことですが、もっと大切なことは、犯した後どう生きるのかが重要です。それは、絶つことのない関わりの優しさに気づいていくことであり、まわりも子どもの「声なき声を聴く」ことです。それが優しさに気づく援助になるのです。

これから私の相談で関わってきた身近な事象を紹介していきます。その親子の心模様を通して、つながりの再生をふり返ってみたいと思います。

本当は「加害者」も「被害者」もいない、「それが人間なんだ」といえる世界を感じていただけると思います。生まれもって「悪い人」はいません。子どもたちを被害者、加害者にさせてしまったそのことに関わり続けていける親や教師、そして大人でありたいですね。

二〇一五年　秋　　富田　富士也

目次◆わが子の声なき声を聴きなさい
――〝いい子の反乱〟を止める名カウンセラー50の知恵――

プロローグ

第1章◆わが子を犯罪の「被害者」にも「加害者」にもさせない50話／21

目　次

第1章

わが子を犯罪の「被害者」にも「加害者」にもさせない50話

各項目の問いかけは、相談室に訪れた親御さんたちが自己肯定感を得られないわが子の気持ちを聴いてこれまでをふり返り、親子関係から心の居場所を築こうとしているものです。その中で子育ての「悔《く》い」としてつぶやかれたものを選びました。そして今の現実にどのような姿勢で対応していけばいいのかを面接場面を思い出し、解説してみました。

結びは子どもが思春期以降になってやっと「物言えた」訴えであり、犯罪の当事者として「被害者」になったり、境界線を越えて「加害者」にならないための親へのＳＯＳの言葉です。納得する必要はありませんが、子どもの言葉にとらわれないで余韻からその表現の奥にある声なき声を聴いていく、共感的な理解と姿勢（言動）が大切です。

わが子を「被害者」「加害者」にしない、させないためにとのテーマですが、神戸事件の犯行動機に出てくる「透明な存在」にしないためにと同じことです。だから「当事者」になりつつある苦境の言葉でもあるわけです。

そこには、人と人との関係性や〝命の危機〟を感知する共感性が獲得されないまま年齢を重ねてきたという悲しみもあるのです。ひとまず良くも悪くも自分の存在が自分であるという自己肯定の感覚を日常生活の中で実感していきたいものです。50の知恵はそれぞれの家庭の物語から、そこをいかに紡《つむ》いでいくかについてふれてみました。

1 他人に迷惑だけはかけないようにと、躾のためには時に〝暴力〟も振るいました。その反動でしょうか、いま私たちは息子の暴力下におかれています。

暴力的になる子は、人に甘えることができない、苦手な場合が多いですね。人につながりを求めている自分の素直な気持ちを出せない、自分がどうしようもない孤独なときに他人に助けを求めることができないのです。助けとは「弱音を吐くこと」です。

小さい頃からの暴力は、いくら躾とはいえ威圧感になります。暴力に対抗するものとして考えられることに、こういうことがあります。

暴力に耐えられる間は、それにぐっと耐え、いわゆる「いい子」になっている。でも、それに限界を感じると、いっきに反動として、親の暴力よりもさらに強い何かで対抗しようとします。それが完全無視であったり、逸脱行為、そして家庭内暴力でもあるのです。「無気力化」もあります。

大人からの暴力には、力によるものもありますが、「言葉での暴力」「威圧」的な仕草もあります。「人に迷惑を掛けるような人間は、人間のクズだ」とか「そんな人間は生きていないほうがいい」といったものです。これは、きついですよね。そして常に緊張感を漂わせているのです。

でも、親はそれを「躾」として自らを合理的に納得させていくのです。「祖父母もそうだった」と。

また、そう思わないと叱ることができないのです。戸惑いながら躾けていくことの大切さを頭ではわかっていても、現実は難しいのです。とくに合理的な目的思考の強い親はあいまいさが苦手です。

子どもは言葉も含め暴力を受けたことで、人に素直に心を開いて甘えることができなくなります。この不自由な自分を実感すると、とても悔しくなります。甘え上手な人をみてしまうと、さらにその気持ちを強くしてしまう。もう自分は甘える気持ち（素直さでもある）を取り戻せない、といった心境になってしまう。

すると、親に向かって、過去に「躾」という〝美名〟で〝抑圧〟されてきたことの悔しさを暴力で晴らそうとしたくなるのです。ですが、急に暴力に向かうことはありません。多くは〝悪態〟をつくことから始まります。この心を受けとめ、悪態に耳を傾けつつも、行動としては上の空になることなく「聞き流す」のです。どうしても「おまえのためだった」と反論してしまうのが、多くの親御さんです。そして、それは半分「言い訳」で、半分は「本音」なのです。その言い訳の部分を「親のためでもあった」と素直に愚かさを語ればいいのでしょうね。

親として大切なのは、躾が「押しつけ」にならないことだと思います。躾に理屈はいらないと思いますが、躾が子どものためにも世間を生きていくためにも人間関係をよくすることなんだ、ということが、実感として子どもに伝わっていることが大事だと思います。

迷惑を掛けないことは大切ですが、一方で人間はだれかに迷惑を掛けながら生きていくものです。それが大切です。苦しいときは誰かに助けを求めてもいいのです。困ったときは素直に「甘える」という、〝助けの求め方の躾〟もしておいてほしいのです。

相手に全部「依存」したら、相手がつぶれてしまいます。どのように相手との関係（相手の事情を察する）をとったらいいのか、それを学ぶことも躾だと思います。だから、迷惑をかけてしまうことを否定してはいけないのです。また他人の甘えを受けとめることも躾です。

小さい頃からまったく人に迷惑を掛けないように育ってきた子は、同時に甘え方もまったくわからないまま育ってしまいます。

むしろ子どもは天真爛漫、好き放題にやっているからかわいい。でも、思春期になっても天真爛漫で接してこられると、大人としては多少うっとうしい。「もう中学生なんだから」という。子どもからみれば「大人は勝手だ」となってしまう。どう甘えたらいいのか、それを教えるのが躾だと思います。座り方や箸の持ち方も気になるでしょうが、それよりも困ったときに素直に甘えられる術を身につけることです。

甘え方、叱られ方、接し方、仲直りの仕方、ケンカの仕方……を教えるのが「躾」。

たとえば、友だちとケンカしてしまう。あるいは、いじめてしまう。そのとき、心のどこかにゴメンネという気持ちがでたら、それを素直に相手に伝えることができる、それは恥ずかしいことでもなんでもない……ということを夫婦関係でも見せてあげる。それが大切ですね。

悪いと思ったらお父さんもお母さんにすぐ謝る。「そんなに謝るのならケンカしなければいいのに」といわれてしまう。でも、「ケンカするのも正直な気持ち、ゴメンネというのも正直な気持ち」と言って、仲直りの方法を子どもに見せてあげることが大切な躾だと思います。

「躾」のためと暴力で育った子どもは、将来、こんなことを言うのではないでしょうか。

まさに「物言えぬつらさ」を今にしてやっと言葉にできたのです。

「〝ムカつく〟んだよ。理由なんかわかんないよ。ただ殴りたいだけなんだよ。おまえら（親）も〝躾だ〟といって、適当な理由をつけて、俺を怒鳴っていたじゃないか」

子どもの声なき声がよく分からないときは黙って考えていることが大切です。その苦悶する親の表情が子どもの苦しさを理解しようとしている姿勢になるのです。

知恵❶　人は互いに迷惑を掛け合いながら生きていくもの

2 子どもの独立心を養うために、個室を与え、自主性を重んじた生活をさせました。その結果でしょうか、子どもが部屋に入れてくれないのです。

個室を与えることが、子どもの自立を認め「プライバシーを与える」ことになると考えてしまうのは、ある意味では〝危険〟なことかもしれません。プライバシーは子どもにだってあるし、また個室の有無に関係なくあります。例えば、「中学生になったら、個室を与える」とします。これは、「おまえは一人前になった」という親の意思表示かもしれません。独立心を養うということです。これを別の言葉で言うと、「一人で判断する生活を認める。自分のことは自分でやる」ということですね。

しかしその時に大切なことは、「もう、お前の面倒はみないよ」「親を頼っちゃいけないんだよ」「自分のことは自分で責任をとりなさい」との意味ばかりを強調した個室の提供は、とても危険です。個室が孤独の「孤室」になってしまいます。すると独りよがりになって、同じ屋根の下の一つの部屋なのに私物化してしまいがちです。

すると、親でも子どもの部屋に入りにくくなる。子どもも親の部屋に入れなくなってしまう。確かに、他人に侵されたくない自分の世界はあります。守りたい自分の世界はあります。それに子どもの世界を、親がすべて知っているというのも、変な話。親にもわからない世界があって当然です。家族だって秘密にしておきたいことはあります。

人はそういう葛藤を抱えながら生きています。でも、お互いに触れあいたいと思う世界もある。大切なのは、出ていってほしいときに、出ていってもらえる、入ってほしくないときには入らない関係を作ることだと思います。入ってほしそうなときには入れる関係ですね。

だから、個室というのはお互いに「秘密の部分をもっていてもいいんだ」ということで与えるのがいいと思います。つまり、全部に介入してはいけない、ということではない。触れあわなくてはいけないときにはふれあえる、そういう関係の個室であってほしいのです。

つまり緩やかな関係、緩衝地帯としての個室です。だから子どもや親の部屋に無関心になってはいけません。

あまりにも「自立心」「プライバシー」といったものを強く打ち出してしまうと、後にどうなるかというと、お互い家の中で、自分はわかってもらえていない、とか、自分の中には入り込んでくれるな……といった独りよがりな生活になる。つまり、「ここは俺の部屋だぞ。誰も入るな！」ということになる。俺、オレ、おれ、の一人称の世界になってしまいます。それでなくても親までインターネットの普及で「個室」生活です。

オレの家だ、という意識が最近は強いですね。隣近所でも、「ここはオレの家」だから、近づくな……となる。とても息苦しい、住みにくい社会になっています。

家の中では、カギは必要ない。子どもの部屋に入りたくなったら、トントンとノックして、入れるような環境であってほしい。「今から入るよ」と言って、とりあえずは、部屋に入れるような関係であったほうがいい。

トントンは大切。でないと、子どもは親にいつ部屋に入られるかわからないので、部屋にカギをかけてしまう。オレの部屋に勝手に入るな、勝手にオレのものをさわるな、となってしまう。

トントンとね。人の心にふれるときもトントンとノックして入ることが大切ですね。いきなり言いたいことをいうのではなく、「ちょっと言いにくいことを話すけど……」と〝枕詞〟でノックしてください。そして子どもに「これから嫌なことを親が言ってくるんだ」と〝鎧〟をつけさせてあげる配慮が大切ですね。

†

ノックしないで部屋に入ることに無頓着でいると、子どもはこんな言い方を後にするようになるでしょう。

「今頃、わかり合いたいだって？　ふざけるなよ。いつも勝手に入ってきて、勝手に言いたいことを言って出ていったのはどこのどいつだよ。俺は寂しくても、誰にも相談しないで、自分の部屋で苦しんでいたんだぞ。そういう苦しみをお前らは知っているのか。子どもの苦しみもわからない親と話しても、わかり合えるはずがないじゃないか」

子どもが部屋で寂しい思いをしていた様子を想像すれば、声なき声が聴こえてきます。

知恵❷　気にさわるだろう言葉を言うときは〝枕詞〟をつけて心にノックする

3 小さいころから体が弱かったので、いろいろと先回りして、心配していました。過保護になっていたのでしょうか。

親の心配ですよね。体が弱いから、みんなのなかについていけない、仲間に入れないかも知れない……これは不安の先取りですね。この予防の発想はありがたさと、迷惑さを併せもっているのです。

不安、予防と親が突き進んでしまうと、子どもは親に聞かないとなにもできなくなってしまいます。危険だ、危険だと言い過ぎると、なにもできない。子どもがやりたくてもできない。すると、「いざ」というとき何も決定できない子どもになってしまう可能性があります。

生きていくのは子ども自身です。子どもの人生の主人公は、子ども自身なのです。体が弱ければ、弱いなりに生きていかなくてはならない。その不条理を、親がほんとうにわかっているかどうかです。親だからといって、子の一生を死ぬまで面倒をみることはできない。しかも、その面倒を本人がほんとうに望んでいるのかどうかもわからない。

心配、不安。そのための予防も大切ですが、起こったあとどうするかのほうがもっと大切です。どんなに先回りしても、完璧に予防することはできないのです。

体が弱かったから先回りした、プールにいったら心臓麻痺になるかもしれないからと、泳がせない、飛び込みなんてとんでもない……でもね、大切なのは子どもが心の中で、自分自身と「大丈夫かな。心配だな」と「せめぎあう」ことのほうです。自分の命は自分で守るという感覚を身につけるのです。これは犯罪の被害者にも、加害者にもならない〝危機回避〟と同じセンスです。そういう危機の不安を子どもが親に、安心してスッと言えるような環境、人間関係、親子関係を作ることが大切なのです。

親御さんがあまりにも先回りして心配すると、子どもは「こんなこと言ったら、心配するだろうな」と、言いたいことも遠慮してしまう。子どもにしてみたら、「心配の押しつけ」なんです。子どもに言いたいことを言えなくさせてしまう。これが〝いい子〟の一面です。

何か起こりそうなときに「心配だよ」とお母さんやお父さん、あるいは周囲の大人に言えるような、自己決定力をつけさせてあげることが大切だと思います。「心配だよ」と誰かに安心して言えてこそ、自分の問題として振り返り判断していくことができるのです。

子どもは、やりたいことがたくさんあります。自分で決定したいことをたくさんもっているのです。決定や、失敗したときに不安の相談にのってくれるか。認めてくれなくてもいいからその心を聞いてくれるか。子どもにそういう余裕をもたせることが大切です。

「自分で決定した以上は、自分で最後まで責任をとれ」

といわれるのは、やっぱりつらいです。どこかで子どもを「遊ばせておく」余裕が親には必要です。

親が何でもやってしまうと、子どもは周囲の人々とのコミュニケーションがとれなくなります。全部、親が先取りして片づけていくと、子どもは何一つ手間暇かけずに、自分の求めたいものを獲得できたりします。

これが大人になったとき、自己決定能力の乏しさに苦しみ、そして自己顕示欲、プライドの高さ、頑固さにも悩むのです。

†

親にいつも先取りされてきた子どもは、とかくこんな言い方をします。

「心配してくれたのはうれしいが、結局、オレは何も自分で判断できない人間になってしまったじゃないか。何もさせてもらえなかった。おまえたちの操り人形だった」

「操り人形」という表現に抵抗があってもそのように言いたい気持ちを察するのです。

知恵❸　子どもの人生の主人公は子ども自身である

4 病弱だったこともあり、強くしようと思って、ついつい厳しい親になって「頑張れ」を連呼してきました。それが結果的には「頑張れない子」にさせていたのでしょうか。

頑張れということが、どういう視点で言っているのかが、問題だと思います。本人を否定した上で、「頑張れ」と背中を押しているのか、肯定したうえで「頑張れ」と励ましているのか。頑張りが見えてこないときに心の底から「頑張っているね」と言えるセンスや価値観を身につけられるといいですね。人は努力しても報われない努力があるからです。成果と努力はつながりません。

強くしようというときに、子どもの弱い部分はみたくないものです。だから、克服しようとの期待をこめて、「頑張れ」……これでは、子どもは疲れてしまいます。なぜならば、否定された上での頑張りだからです。成果の出ない頑張れない状態でも本人なりに頑張っていると親は思うことです。ただ努力して、頑張って報われてきた親にはなかなか理解しにくい価値観です。

親は、励ましているからそれで安心してしまいます。しかも「子どものために一生懸命やっている」と思ってしまう。でも、それはたぶんに親の不安を回避するためのものになっている可能性があります。厳しい言い方をすれば、「子のためだ」といって自分のエゴをカモフラージュしているのです。

でも、親にしてみたらやっぱり大変です。たとえば生涯、その子のその「弱さ」と付き合っていかなければいけないからです。逃れられないから、ついつい「頑張れ」と励ましてしまうんですね。

意外かもしれませんが、励ましやアドバイスは、逃げられない苦悩を背負った子どもの目から見ると、見捨てられ感、否定感につながってしまうのです。「頑張れない人間はダメなんだな〜」と〝直感〟するのです。

子どもは本当に健気《けなげ》です。子どもは親に対して無理をしているのです。なぜならば、親を喜ばせて笑顔をみたいのです。親からダメな子どもと思われたくないから、子どもは健気に、一生懸命になります。でも頑張れるうちはいいけど、無理をしているから長続きしない。そして、いつか、頑張れなくなってしまう。

そのときに子どもが弱音を吐きます。「もう頑張れないよ」と。努力、頑張りと成果は必ずしも結びつかないのです。

親は「なにいってんの。もう少しじゃない。お前ならできるよ」と、さらに励ましたり、アドバイスをしてしまいがちです。青白い無表情な顔にでもならないかぎり、なかなか「もう、いいよ。十分にやったよ」と、子どもの頑張りを認めてあげられないのです。いや、認めた上で、さらなる励ましが、親の愛情だと信じ切っているのです。

「もう頑張れないよ」

子どものこの告白は、子どもにとっては全面白旗、全面降伏です。親にしたらそのとき、わが子に対して「もう打つ手がない」と、強い無力感に自らが襲われます。「まだ、なんとかなる。

もう少しなのに……」と親としての無力感に耐えられず、わが子にその苦しみをあずけようと、さらに励ましたりします。子どもの「敗北」を認めたくないのです。ここが親の対応による子どもの自己否定と自己肯定の境目なのです。

ひどい場合は、「そんなこと言って、お母さんを困らせるの」と言った親御さんもいました。大切なことは、子どもの「頑張れない心」を理解し、他の面も含め自ら「頑張ってみる」というひと言を言いだすまで、その心に傾聴していくことだと思います。

わが子の無力さを代わってあげられない親の無力さ。この合わせ鏡のしんどさと向き合うことです。そのうろたえる親の姿こそ〝瞼の母〟であり、親の愛情と子どもには映るのです。

†

内心、努力してきたにもかかわらず、その限界を告白したとき、まったく予想もしなかった「励まし」を親から受けた子ども。この悔しさを、訴えます。

「頑張れるものなら、とっくに頑張っているよ。頑張れなかったからつらかったんじゃないか。オレをどこまで頑張らせれば、気が済むんだ。これ以上、オレに何をやれと言う気だ」と。

「頑張っても成果のでない僕でも生きたい」という声なき声が聴こえてきませんか。

知恵❹ 無力なわが子に何も助けられないという親のいたらなさを自覚して謙虚になる

5 親の身勝手な葛藤を、ついつい子どもにぶつけてしまいました。だから、あんなにおとなしかった息子も今、言いたい放題の子になったんですね。

こんな悩みをもつ親御さんとの出会いは多いです。でも、葛藤を出すことは悪いことでしょうか。親の気持ちを、たとえそれが親のエゴからくるものだったとしても、本音で出し合うことは決して悪いこととは思えません。これはこれでプラスの要因になると思います。

引きこもりで悩む青年男性が「霞のかかった家族」と、自分の家族を表現したことがあります。お互いになにも言わない、ぶつかり合いがない家庭。それは平和で「いい家庭」に見えますが、何かことが起こったときは子どもにとって、親がなにを考えているかわからない家庭、ということになりがちです。

さて、問題は親だけの葛藤を吐き出すのみで、子どもの葛藤を引き出し、聞かない場合です。親だけ言いっ放し、やりっ放し、子どもはシャットアウト……これでは身勝手な親ということです。

大切なのは、お互いが葛藤を出し合いその中から「せめぎ合って、折り合って、お互いさま」の人間関係を学んでいくことではないでしょうか。

トラブルは人の痛みを知り、お互いを理解する絶好の機会だと思うのです。そして、葛藤は、決められないあいまいな状態ですから、やはり苦しい。聞くほうも、言うほうも、その煩わしさを引きずっていける力を試されているわけです。お互いの関係に「間」を置くということです。その「間」が見つめ合う時間となるわけです。

だから、葛藤のコミュニケーションに強くなると、人間関係にも強くなれます。葛藤を引きずる心構えというか、人間関係をあきらめない心構えが大切だと思います。だから、お互いに言いたいことはタイミング、間をとって言ったほうがいいと思います。ただ、ぶつかり合いのマナーとしては、まず聞く姿勢を心がけたいものです。

大切なことは、子どもの葛藤を引き出してあげているか、ということです。「言いたい事があってもいいんだよ」と言ってあげているか。それが問題です。親のみの言いっ放しは「理解し合うための人間関係」からは遠のくばかりです。

とくにいわゆる「いい子」といわれる子は、親の葛藤ばかりを受けとめ、自分の葛藤を出さない傾向があります。

「お母さんを、苦しませてはいけない」「お父さんも、大変だから」と感じるのです。つまり、「いい子」の親ほど子どもの葛藤を引き出し、受け入れることに努力してほしいのです。そのことに親が気付かないでいると、子どもは苦しくなる。自分の苦しみを言えなくなっているわけです。この〝ツケ〟が後に「いつまでも〝いい子〟の俺にあぐらをかくな」といった、子どもの叫びとして親に返ってくるわけです。

「いい子」が「クソババァ」「クソ先公」といったら、むしろ内心では喜んであげてください。

そして、それを受け流してください。

†

葛藤を安心して出せなかった子どもが、思春期にはいると、こんな言い方をすることがあります。

「親ばかり、勝手なことをいつも言って、何とも思わないのか。少しは言われている子どもの気持ちも考えてみろ！」

子どもの報われなさを察してみることです。

知恵５　葛藤を出せるコミュニケーションを育てる

6 兄弟の一人の体が弱かったので、どうしてもそちらに手がかかり、この子を放っておく感じでした。だから、「愛情がなかった」と思われてしまったのでしょうか。

確かに、子どもの一人が体が弱かったりすれば、その子にかかりっきりになってしまうものです。とくに、ハンディを背負った子であったりすると、物理的、精神的にもそうならざるを得ません。仕方のないことです。

ただ、大切なのは、放っておいたのではなく、むしろその子が元気に成長しているということに安心していたんですね。だからすっかり親が子に「頼っている」ということを適宜伝えていたかということです。よく「いい子」だった子が、悔しさをこめてこういうことがあります。「俺が、何も言わなかったからといって、なにも手をかけてくれなかった」

これも親にしてみれば厳しいですよね。確かに「いい子」は手がかかりませんので、そのままに放っておくことがあります。そこを「愛情がなかった」と後で言われると、きついですね。「問題のない子」ほど意識して声掛けていく努力が、親には必要なんですね。

さらにこんな関係も大切に育てたいと思いませんか。

体の弱い子どもも家族の一員。強い子も同じ一員。だから、みんな一緒に生活している。お母さんや大人だけで、体の弱い子にかかわっているわけではなく、体の強い子にも陰ながら支えてもらっている……それがみんなで関わっているということです。みんながそのことを生活の一部にしている。そしていずれは当たり前にしてしまう……それが互いに疎外感をなくす秘訣だと思います。

四苦八苦だから家族の一体感も生まれるのではないでしょうか。当事者の方にとっては、少し甘すぎる言い方でしょうか。面倒をみ合っていくことも大切ですが、それまでのプロセス、そのときの関係が大切なのです。

「オレもハンディを背負ったときには、ああやって面倒を見てもらえるんだ」という安心感が、お互いに生まれるような家族関係を作ることができたらいいですね。

そして、「ねぇ、お兄ちゃん。水をもってきてくれる？」とか「ここ、少し手伝ってくれる？」という具合に、積極的に「当たり前」という言い方をしないで、親の手伝いを頼むことです。「お前を頼りにしているよ」と、親自身の弱さを出して見ることも大切ですね。もし、お兄ちゃんが「ダメだよ、俺いまテレビ見ているんだから……」と言われたら、「一呼吸」おいて〝枕詞〟をつけて、「楽しんでいるのに悪いけど、お母さんもいま手が放せないから……」と、葛藤のコミュニケーションに心がけることです。

自分勝手にならないように「本音」でお互いがぶつかり合うといいのではないでしょうか。

そして不満を出したとしても、一呼吸おいて様子を見てください。

悲しみやいたわり、人の役に立つことの喜び……といったことを学ぶ、大切な場面なのです。人の手伝いをする、そして、誰かに喜んでもらう、そういう体験が「透明な存在」を口にする少年には生い立ちの中で希薄だった気もします。

そして、愛情は掛けるばかりではなく、子どもの努力を受け取ったと表現していくことも愛情ではないでしょうか。

とくにシングル家庭が増えている現状をかんがみると「お母さんだって、頑張って働いているのよ」が優先されがちです。「こんなところに気がついてやっておいてくれたのね」といった、ねぎらいの言葉をかけて下さい。「何もしてくれません」と言われる親御さんがいますが、それは物理的な行為ばかりを見ているからです。親を「気にしている」だけで精神的には手伝ってくれているのです。そんな心理をやんちゃな行動で照れ隠ししている部分も気にしてみることです。

†

シングルや働くばかりの日々を過ごす家庭には「愛情がないのでは」と思いに駆られていく子もいます。後でこんな言い方をするかもしれません。

「どうせ、俺のことなんか、全然、関心がなかったんだろう。一人で苦労を背負ってきたような言い方をするなよ」

たぶん具体的に関心を示してほしかったのでしょうね。しみじみとした対話が少なかったのです。

知恵❻ 家族である以上、家族であることに努力していない人はいない

7 自分自身が神経質で、子どもに細かく注意してきました。だからあんなに何事にも〝こだわる〟子になったのですね。

神経質な人は、細やかな心づかいのできる人が多いのですが、その一方で失敗をおそれ、後ろ指をさされないように慎重になりがちです。だから、完全主義的なところがあって、なんでも完璧にしようとしています。あとから悔いを残さないようにしたい……それを自らに課し、そして心を強く寄せる人に対してもときに、強要してしまうことがあります。

とくにわが子を思う気持ちからそうなってしまうことが多々あります。それが幸せになると思っているのですね。子どもも親の言うことを全面的に信じて従順になる子もいます。だから、多少うっとうしくてもそれを受け入れようとするわけです。

ほどほどがわかっているといいけど、それがむずかしい。だから、もしお母さんが、神経質と自覚しているのなら、子どもにときどきたずねてみるといいでしょう。「お母さん、ちょっと心配しすぎかな～」という具合に。

親が神経質だと、子どもも神経質になりやすいと思います。一つは、本人の気質の問題もあるでしょう。でも、それよりも「神経質」な環境に育ったことのほうが、その要因は大きいと思います。詰め将棋みたいに、どんどん自分を追いつめていってしまう。間違えたら大変、誤りは取り返しがつかない……と、がんじがらめになってしまう。

するとまた、将来完璧な子どもになりやすい。「あいまいさ」に耐えられない子どもになって、何でも白黒をはっきりとつけたがるようになる。そして、「あいまいな」部分に襲われるとそのことにいつまでも〝こだわり〟はじめます。別な言い方をすれば、〝しつこく〟なるわけです。不完全だと人が「バカにしている」と思えてくる子もいます。だから、人間関係で悩みを抱えやすくなってしまう。人間関係は白黒では決まらないことが多いからです。

「加害者」になりやすい子の一つの傾向に、元はとても「純」で「神経質」な子どもがいたりします。問題なのは「独りよがり」な「純」です。そして細々とした悩みを抱えてしまい、あいまいさに耐えられなかったりするのです。もしかしたら幼いころからの「純」が育ちの中で打ち消されてきたのかもしれません。

そのことで一番心を痛めるのは、実は、子どもなのです。親は自分が「神経質」だと自覚できていれば、それはそれなりに感情のコントロールに努めますが、子どもは「自分がどうして、色々とほかの人とぶつかるのかわからない。小さなことでも、とにかく気になって、いますぐ解決しないといられない」、なぜなんだろうと、自分自身が不可解になるのです。

柔らかな人間関係をつくっていくにはあまりにも「完璧」に走りすぎることに、ブレーキをかけなければなりません。でも、急にそのようなことができるわけがありません。とりあえず〝絶対表現〟を減らして〝融通表現〟を日常生活に生かすことを努力してみてください。

絶対表現とは「ねばならない」「絶対そうだ」「間違っていない」「ダメだ」といった言葉の数々です。これを「〜かもしれない」という融通表現に変えてみたらいかがでしょうか。融通表現には肯定的、否定的感情のいずれも安心して出せる効果があるからです。それこそ、不安をしっかり出せないと心によどみをためてしまうケースもあるのです。

†

完璧にしようと行き詰まった子どもはこう言います。

「僕はもっと鈍感な子どもで生まれれば良かった」

突き詰めて心が疲れているこの子の様子が浮かんできますか。

知恵❼　人間関係には決めつけない融通表現を増やす

8 子どもが小さいときに私が入院してしまい、不安な思いをさせてしまいました。その影響が今になって精神的な未熟さになっているのでしょうか。

どこかに原因さがしをしている親御さんは意外と多いのです。人間、はたけばどこかでほこりの出る身です。過去のことについてどういう場合に心配しはじめるかというと、子どもの様子が急にこれまでと違うようになった、このごろおかしい……という状況になって、親が問題、原因をさがします。そのとき、心当たりがなく、行き詰まってくると「ああ、あのとき、かまってあげられなかったから」と、悔いて自分を責めてしまうのです。

でも、意外と子どもはそのことを原因と感じているわけではないのです。親御さんのみが、そう思い込んでいることが多いのです。親として原因不明に耐えられず、スッキリしたいからこうして何かわかりやすい原因を探し出してくるのだと思います。「あのとき、わたしが単身赴任で」とか「あのとき、私が入院していたから」というわけです。

これは、親御さん自身の原因探しであって、子どもにとってみれば「それがどうしたの」と言いたくなるわけです。それで落ち着いてほしくないのです。子どもも原因が分からないのです。分からない不条理があるということです。そこをわかってほしいのです。

ですから子どもにとっては、原因はどうでもよく、ただ、この不安を見守ってくれていればいいのです。だから、親が勝手に思い込んだ原因を子どもにあずけ「あのときはゴメンネ、こういうことになったのもあのときのお母さんが……」と言いだすのは、子どもには、単なる親の言い訳としか聞こえません。お母さん悪かった、と言われても、的外れですから白けるだけです。

ある子に言わせれば、子どもに「仕方がないよ」「悪くはないよ」と言ってほしい親の勝手な気持ちだというのです。それよりもただ黙って、子どもの苦悩に付きあってほしいだけなのです。悩みはいろいろなことが絡み合って生じるものです。決して、特定できるものではありません。そこの揺れている心にしっかり寄り添うことが大切ではないでしょうか。わからなければ、わからないままに。その現実を事実として受けいれる（肯定）ことです。

†

わが子の成長を心配するあまりに、過去の「子育て」の反省点を強調し、詫びすぎる親がいます。子どもは身の置きどころをなくして、こんなひと言を言いたくなります。

「自分（親）たちばかり〝楽〟になるなよ。あやまればそっちはそれで済んでしまうかもしれないけど、こっちは、それを背負っていくんだよ。あやまらなくてもいいから、ただ、側にいてほしいだけだよ」

子どもの人生は子どもが背負っていくものです。親のできることは現実をありのままに肯定していくことです。すると背負っていく子どもの健気さが感じられてくるのです。

知恵❽　子どもに安易にわびるよりも、苦しい気持ちに関心を持ち続ける努力が大切

9 オープンな子どもを育てるために、何事も家族で話し合おうと、とことん議論をたたかわせてきました。

職場と家庭。目的が違いますよね。家庭は、お互いの足りない部分を支え合う、弱さを支え合う、引き受け合う……というのが家庭だと思います。だから母性的な空間です。理屈ではない、言葉でない、そういうあいまいな矛盾した部分を受けとめ合っていく世界が家庭だと思います。とことん議論しても、家庭の中では解決できないことが多い。そう簡単に「議論」したからといって、多くの思いやりを切り捨てられるものではありません。家庭は職場以上のしがらみを抱えているからです。それをまずわかってほしいと思います。

議論して、白黒をはっきりさせても、気持ちまではスッキリしないものです。職場では目的に向かって、はっきりさせていく必要もあるでしょうが、家庭にまでその「議論の法則」を持ち込むには無理があると思います。それだけに、あえて言えば「わかり合うための議論」に心がけたいですね。対立するための議論ではむなしさだけが残ります。

ただ、家庭内のことに関して言えば、「議論」してもわかり合えるということは少ない、といえます。それはあまりにも、お互いが身近な存在だから「親なら、妻ならそれくらい、言わなくてもわかってよ」という気持ちの願望がついてまわるからです。

評論家のコメントでも、論は立つけれども、どうもすっきり落ちない、好きになれないという人、いるでしょう。あれと同じです。

逆に、論ではいま一歩でガックリしても、何となく表情、人柄から好感をもてる評論家もいます。気持ちがわかるんですよね。頭よりも気持ちが先です。

だから、いくら家の中をオープンにして、論議を重ねても、大切なのは、自分の気持ちをどれくらいわかってもらえたか、ですよね。その部分が抜けていたら何にもならない。

でたらめ、といったら言葉はよくないけど、とにかく気持ちを受け入れていこうとする姿勢が大切なのです。言い合いになっても「まぁ、いいじゃないか」という部分がどこかで残されている、だから、殺伐とした雰囲気を回避できるのです。私はつまらない話、くだらない話のできる家庭が素敵だと思います。そこには相手の気持ちを推し量るゆとりがあるからです。

議論してもいいのですが、こういうあいまいさをどこかに残しておいてほしいと思います。特に、子どもが相手の議論では、子どもは大人のように表現が豊富ではありません。大人に言い負かされてしまいます。すると、言いたいことも言えなくなる。気持ちをわかってもらえなくなります。

表面では「いい子」になって、心ではいつもモヤモヤを抱えている……という状態になります。

頭の先から、つま先まで〝正しい〟という字で詰まっているような、お父さん。こういうお父さんいますよね。

「お前は、いまこう言ったよね。だから、お父さんは、こう答えた。どこか間違ったこと、お父さん、言ったか？　間違ったのは、お前のほうだろう。どうして、その間違いを認めないんだ……。お父さんは正しいよな。間違っていたら言ってくれ」

これでは、疲れてしまいますよね。「まったく反論できないお父さん」、話したい気持ちがなくなりますよね。脇の甘さをもっていないんです。だから、息が詰まってしまうんです。子どもはこうして、いつのまにか無口になっていくのです。そしていずれ、父親も反論できないような議論をしかけてくるのです。

その最も決め手となるのは「おまえ、俺の実の親だろう、それでいいのか。誰が生んでくれたと頼んだ！」と言い出すのです。

†

食卓が「会議室」で、団らんが「ミーティング」だったという子どもが、かつて両親に言った言葉です。

「お父さん、つまらない話、くだらない話が大切なんだよ。そんな話をしているとき、けっこう、僕の本音を話していたんだよ。無駄が嫌いなお父さんと暮らしていると、息が詰まりそうになるんだ」

心の弱さ、脆さの出せる空間こそが肯定的な場です。

知恵❾ つまらない、くだらない話のできる家庭を

10 少し生活をぜい沢にし過ぎたので我慢や忍耐、辛抱の足りない子にしてしまいました。ただ我慢させると心がひねくれると聞いたこともあり悩んでいます。

生活のぜい沢さと、耐えることを学ぶことは、本来は別のことですよね。許せる範囲でぜい沢にしてしまうのは、誰でも同じ。そして貧しさもあって質素にしてきたから耐える力がついた、というのも安易に聞こえます。それは空腹に耐えたということで耐え方の一部です。精神的な苦境に耐えられない理由が見つからず、苦しまぎれにこじつけているように私には聞こえます。

子どもに望むものを何でも与えてしまうことが、我がままな子になるとはいえないのです。誰もが「当たり前」にできていることができない。それが何事にも耐えられないことになるのでしょうか。部分的にどこが耐えられないのか、そこを見る必要があると思います。すべてにおいて耐えられない、我慢できない子どもなどいるはずがありません。

見た目にとらわれることなく精神的には生きるだけで耐えているという事実も知りたいものです。親の許すぜい沢な生活に身をおきつつも我慢している「いい」子どもは数知れずです。「我慢し過ぎ」なおとなしい子どもや妻（母親）たちと面接してきました。

気になる明るさや冷ややかさ、はかなげな表情は「我慢している」ことへの報われなさのサインです。人は自分が不条理、不遇の中を耐えて我慢してきたと思うと、相手の不条理と比較して「我慢が足りない」と批判しがちです。不条理、不遇は固有なもので比べて批判、比較するものではないのです。

本来、「我慢」とは我を張ることで我がままです。でもそこには「我」という主体性をもった「私」がいるのです。どうして自分を抑制することが「我慢」という意味をもったのか分かりませんが、「我」を「慢心」し過ぎると「我」が受け入れられないので耐えるというニュアンスになったのかもしれませんね。

だから夢中になれる「我・私」が見つかれば、十分に耐えられるのです。それが何なのか、親御さんや周りの大人は個別にみておく必要があると思います。

「我慢」と「辛抱」も少し分けて考えてみたいです。ただ耐えるしか他に抜け出す術のない現実があります。それが不条理です。ただ辛さを抱え現実と向きあうのです。だから私は「我慢し過ぎない」ことで「辛抱」できると思います。甘えた経験がないばかりに、達成感や信頼感をもてず、つい投げやりな人格形成をする子もいるものです。素直に甘えられない子どもほど耐え方を知りません。自分の要求が通らないとだだをこねる、聞き分けのない子どもになるということです。

逆に、耐えることばかりを知ってしまって「いい子」になってしまうのも考えものです。我慢も過ぎると自分の「素直な感情」を束縛してしまうものです。矛盾した言い方になるかもしれませんが、要はバランスです。我慢と、甘えの二つが「せめぎ合い」「折り合う」関係を見つけていくことが、大切です。周囲の大人が、一律的に「ぜい沢が耐えることを失わせる」と思い込んでしまうことのほうが心配です。

相談活動を通して、孤独であるほど耐える力が脆弱で素直になれないと思います。

この現実社会を生きるためには、いくら不合理、納得できないと思っても耐え忍ばなければならない不条理を抱えます。辛抱のしどころです。難病、貧困だけでなく、悔しいけど自分には責任のないことを受け入れなければならないときもあります。それが本当の意味で「耐える力」です。それにはこの不条理を「ただ居て」「ただ聴いてくれる」人が必要です。

いわゆる「加害者」少年たちと話していると、不条理に耐えてきたことを誰からも聞いてもらえず、当たり前に聞き流されてきたのです。だから心は空しさから他社への嫉妬、憎悪から「加害者」の心に動いていくのです。不遇、不条理を心の底から耳を傾け聞いてくれた関係としての「還《かえ》る家」が〝瞼の母〟としてあれば、境界を越えることに自ずからストップがかかったのです。

†

就職がなかなか長続きしない青年が、父親にこう言いました。

「何もできない奴だって？　冗談じゃない。自分のクソくらい自分で拭いているさ」

意地を張るには張るだけの「我慢」していることがあるのです。

知恵⑩　「我慢し過ぎない」ことで「辛抱」もできる

11 これまで子どもの前では決して、夫婦ゲンカをしないように努力してきましたが。

夫婦ゲンカは子どもにとって、やっぱり嫌ですよね。だから、子どもの前では、そういう嫌な部分を見せないようにしていた、というわけですね。連れ合いに文句を言いたくても言わないように「努力」して、仲良き関係を見せていたんですね。

そして、「平和」な家庭を作ってきたんですね。ところがその結果、親の思いに反して、子どもは少しのトラブルでも怯えてしまい、身動きのとれない性格になってしまったと、親は反省しているんですね。そしてどこかに衝動性を感じているのでしょうね。

たしかに、「ケンカなれ」ということもありますが、両親のケンカは子どもにとっても恐怖と不安の交じったものです。なければないにこしたことはありませんが、問題は、ケンカしながらでも両親がお互いに相手の気持ちを理解しようと、努力しているかどうかだと思います。

DV（ドメスティック・バイオレンス）等の暴力的な行動は別にして、人は人と「ケンカして仲直り」の中で「間《ま》」を学び人間になります。「これぐらいは言ったほうがいい」「これ以上言ったら深いキズを与えてしまう」という感覚は日々の「せめぎあい」から会得されるものです。だから意外にもおとなしい人ほど心の中は強い緊張感（ストレス）をかかえていたりします。するとDVの人は世間的にはそのようには見えないおとなしい人だというのも理解できます。

さて子どもは、ケンカしている両親をじっと観察して「ケンカして仲直り」のモデルにしているわけです。ケンカするたびに、人間関係が悪くなるのか、それとも、人間関係が深まっていくのか……そういうことを観ています。人は、自分の思いを一つひとつ聞いてもらうたびに、生きる自信を獲得していくのです。だから、ケンカに見えても、理解し支持する両親の姿を観ていれば、たくましい子に育っていくと思います。

ケンカしないようになったのは、たぶん、どちらかが一方的に攻撃される状況にあったのではないでしょうか。一方がいつも引き下がる、要するに、「いい人」を演じているわけです。でも、それでは疲れますよね。

†

こんななかで育った子は、将来、こう言うかもしれませんね。

「ケンカもできない子どもにしたのは、おまえたちじゃないか。うちの家族は言いたいことも言わずに、顔でケンカしているじゃないか。暗い表情をするなって？　そんな目で親を見るなって？　いい子ぶるなよ」

ケンカしても仲直りできるセンスを子どもにも身につけてほしいですね。もちろん大人の私たちも。

知恵⓫　分かりあうためにケンカもする

12 そんなことをしていると「一生がダメな人間になるぞ」と脅すような言い方で諭してきました。

親は、わが子の将来がいつも気にかかるものです。「そんなことをしていると……」といってしまうのもそういう親心の現われでもあります。でも、脅すような言い方、将来を見据えた言い方は、親として子どもの今の現状を受けいれがたい、あるいは認めがたい、という気持ちを表しているわけです。

親として、今の子どもの状態を認めたくない、見たくない。いや、そんなわが子を支えてあげるだけの力の無い親であることを知るにつけ、強い調子で、子どもに当たってしまうことがあります。親も八方塞がりの状態ですね。

こういう状態のとき、とかく「頑張れ」とか「ダメな人間で終わりたいのか」といって「励まそう」とするのです。この励ましが子どもの心を追いつめ、傷つける言葉になっているとは、とてもそのときには気がつかないものです。誰も「ダメな人間」とか言われたくないので、その子にとっては、それでも一生懸命にやっているわけです。

その気持ちを理解せずに、将来どうのこうのと言われても、想像だってできません。親にしてみたら、将来ダメになるぞ、と言いながら「今、ダメだぞ」と子どもに言っていることに気がつきもしていないのです。

ダメになりたいと思っている子どもなどいないのです。ダメになる寸前に、援助してもらいたい、と思っているのです。その子どもの期待に、どう寄り添うことができるか。不安な気持ちをどれくらい理解して、気持ちを聴いてあげられるかだと思います。

脅したってダメです。「努力が報われないな」と子どもの現実に納得しなくてもいいから、共感して、「親として心配していないと言ったらウソになるけど、どうおまえに声をかけたらいいのか迷っているんだ」と親の葛藤もしっかり出して、真意を伝えることがたまには必要です。それもこれも、子どもの心を察してあげながらすることは当然です。気持ちの聴き方については、拙著『新版・子どもの悩みに寄り添うカウンセリング』（ハート出版）を参考にしてください。

†

親の励ましとは思いながらも、脅すような言い方に内心では抵抗してきた青年が、父親にこう言いました。

「聞き捨てならない〝ひと言〟ってあるんだよ。小学校三年のとき、いじめられて帰ってきた僕に、お父さん、なんて言ったと思う。『バカだな。バカな奴は一生バカだな』、この言葉、あんまりだよ。お父さん」

人の一部分を取り上げて全否定してはいませんか。

知恵⑫　子を想う親の真意を照れないで素直に語る

13 小学生のころいじめられて泣いて帰ってくる子を、歯がゆくて、叱っていました。その子が高校生になって今は他の子をいじめているのです。

親子関係でも、距離のとれるような付き合い方ができるといいですね。というのは、子を想う親の思いの深さが、あるときを境にして〝押しの強さ〟に変わることがあるからです。子どもにとっては、親に悔しい思いを伝えられない、伝えると逆に叱られるから、だまっているほうがいい、いや、言えば心配をかける。反対に子の先を案じて少し強引かな、とも思いながら口を挟んでいく親。

こんな思いの絡みが、親子関係になると「近い存在」だけに、無理をしてしまうのですね。まして小学生のころだと親も遠慮なしに「歯がゆさ」を口にしてしまいがちです。

いじめられて心が傷ついているのに、その上また、家の人から「情けない」「いくじなし」「根性なし」と言われてしまう。それでも男かと容赦のない攻撃。ある意味では、いじめられた悔しさより、家の人からそういわれることのほうがよほど悔しいと思います。

慰めよりも、叱咤激励のほうがその子を強くする、と考えておられる親御さんも多いと思います。百歩譲って確かに、そうかも知れません。でも、子どもが立ち直り、勇気を持って困難に立ち向かっていくには、いざというときに、弱音やグチの言える「還る家」のあることが、最低条件として必要です。

どんなことがあっても、家の人は自分の悔しいこの気持ちをわかってくれる、どんなことがあっても自分の味方になってくれる……という安心感が、傷ついた心を癒やしてくれるのです。そのことを、子どもに「保証」してあげることが先決で、その親子関係があればこその叱咤激励でしょう。いじめられて、悔しい思いで家に帰ってきた子どもに、まずかけてあげる言葉は、「悔しいね」といった、子どもの立場を優先した共感の言葉です。

あきらめではなく、心の底からその子のありのままを受けとめ「いいんだよ、それで。おまえも一生懸命やったこと、お母さんもつらいときは一緒だよ」と、子どもの不安な気持ちを支えてあげましょう。子どものほうが、お母さんより、何倍も悔しく、歯がゆく感じているのです。いじめに対する親としての具体的行動を起こす前に必要なことです。傷ついた子どもの気持ちに、「やられたら、やりかえしてこい」と心の傷口に塩を塗ってはいけません。

その「いじめられるような子」がいつしか「いじめっ子」になっていたとは驚きだと思います。人とは悲しいもので、自分の存在に肯定感がないと心に余裕をなくして権威にこびたり、自分にとって支配関係になる人に〝八つ当たり〟〝いやがらせ〟〝いじめ〟をして肯定感を満たそうとします。これは自己肯定感ではなく自己満足感です。パワハラ、ＤＶ、セクハラも同じ歪んだ自己アピールです。それは寂しさです。高校生の子にその寂しさを打ち明けてもらえる親になることですね。そのためには親自身があまり悲壮感をもたないで、自分の自己否定的感情をつぶやくことです。

外でいじめられ、内でも「歯がゆい」と叱られる。そんな子どもたちは、思春期になって幼いころを思い出しこうつぶやくのです。

「本心はわかっていても、あまりにたびたび言われると悔しさが憎しみに変わることもあるんだよ」

悔しい思いを無視され続けると、反転して攻撃的な憎しみの感情が生まれたりします。被害者から加害者の心に変わるときです。

知恵⑬ 叱咤激励は親の気休め。いたわりのメッセージをかけること

14 子どもの友人関係に口出しして、「あの子とは付き合わないほうがいい」と言ったことがあります。

親の目から見たら、わが子がどんな友だちと付きあっているのか心配でしょうね。その場合、不思議なことにわが子が悪い影響を受けているとばかり、受け取るんですよね。もしかしたら、わが子が相手に「悪影響」を与えているかもしれないのに。それは、それとして、どうしても言いたくなりますよね。「あの子とは付き合わないほうがいい」と。

でも、「いい子」か「悪い子」かを決めるのは、子どもなんですよ。それなのに、親が口出ししてしまう。子どもにとってはたまりません。「余計なこと言うなよ」というわけです。

それはそうでしょう。子どもたちの間でも多様な人間関係が展開されているわけですから、単純に「いい子」「悪い子」とは決めつけられないわけです。外見では推し量れない内面の部分は、向き合う当事者でないとわからないものです。

だから、子どもの友人関係に親が口出しして、子どもがいい顔するはずがありません。そのことを親は十分に理解した上で、親として心配していることを、子どもに素直に聞いてみることが大切だと思います。

「お母さん、I子ちゃんとのこと、少し気になるんだけど、どうしてる？」

という具合です。このとき、子どもの反応を見落とさないことです。本人も多少困っているときは、戸惑い、黙ってしまったり、急に振り払うように無理をして否定することがあります。そのときは、もうそれ以上なにも言う必要はないでしょう。自分自身が友だちとの人間関係をしっかり背負って、乗り越えようとしているからです。その心模索の表情の一つだと思ってください。

ところが、こんなときに限って、多くの場合は、話を子どもから聞いたあと、一人で不安がつのり、「だから、あの子とは付き合わないほうがいいと、言ったでしょ」とか、「今後はおつき合い、やめなさい」と、親の人間関係のつくり方を押しつけるのです。それも、体験を持ちだしたりして、なんとしてもその場で、「もう遊ばない」との結論を求めていくのです。

みんな、一人ひとり、オリジナルな人間関係をつくっていくのです。むしろ、「そんな見方もあるよね。事情もあったのね」

という具合に、すっぱりと切れない、そのもどかしさをむしろ、肯定するような関わり方が大切だと思います。もう一度言いますが、「いい子」か「悪い子」かを決めるのは、その子自身なのです。そして、そのプロセスに時間をかけることが、豊かな人間関係をつくるきっかけとなるのです。親としては、「お前のこと、心配しているよ」と、なんとなく伝えるくらいで止めておきたいものです。

子どもが「あいつと付き合っていいものかどうか」と悩んで、心配になり、親に相談を持ちかけてきたら、乗ってあげてください。

ただ、このとき「だから言ったじゃないの」とは決して言わないでください。それは、突き放すことになってしまうからです。そして、アドバイスをしようとは思わないでください。とにかく、時間をかけて気持ちを聞いていくのです。

子どもがその間にいろんな人間関係の場面を描いて、一歩踏み出すことが、将来にとって、とても大切なことなのです。何でも親が安易にアドバイスをすると、本当に他人任せの主体性のない子どもになってしまいます。色々な人間関係から、子どもたちは多くを学んでいきます。「いい子」からはそれなりに、「悪い子」からも、それなりに学んでいるものです。

親の知らない、「悪い子」のいい面を見つけだし、信頼関係を築くことだってあるのです。一方的な親の目から、判断するのはとにかく禁物です。

†

友だち付き合いを親に制限されて今は「友だちがいない」と引きこもる若者がこう言いました。

「ずっと俺の友だち関係に口出ししてきたのは、おまえ（親）たちなんだから、俺と気が合う友だちを、すぐに連れてこい。一番、俺の人間関係を知っているんだろう」

無理難題と分かっていても言いたい子どもの気持ちを黙って聞いて、その緊張関係に居つづけることです。

知恵⑭　人間関係は手間暇かけてつくるもので、すぐ結論づけない

15

何をするにも遅いので、ついつい手を貸し、口を出してしまうことが多いのです。

お母さんは、待てない性格なのでしょうね。でも、子どもがぐずぐずしてしまうのは、どうしてなのでしょうか。そのあたりを考えてみる必要がありますね。ぐずぐずするのは、心に不安があるからです。学校に行きたくない、誰かに会いたくない、朝、起きたくない、食事をしたくない……、みんな不安の現われですよね。心配がなければ、元気いっぱい、行動だってシャキシャキしてますよ。

不安と行動は反比例ですね。だから、行動には必ず深い意味があるのです。そこに粘り強く関わり続けたいものですね。「透明な存在」を訴える子や「加害者」少年の中にはかつて「グズグズ」タイプで「シャキシャキ」していない子どもがいたりします。そして幼児期にその不安に関わってもらった想い出がなかったりします。

さて、「早く、早く」と子どもに言いながら、待てずについつい手を貸し、口を出してしまうのではないですか。大切なことは「早く、早く」と言われてもできない子どもの不安な気持ちをどれくらい丹念に汲み取ってあげられたかということですね。

手出し、口出しは必ずしも悪いことではないと思います。いや、それをきっかけに踏み出すコツをつかむ子もいると思います。でも、その場合はきっと否定的感情を抱かせる手出し、口出しではなかったと思います。子どもの気持ちを考えないで、親の気持ち優先で口出ししてしまうと、子どもはなにも言えなくなってしまいます。ですから、子どものグチや弱音を封じ込めるための親の手出し、口出しはよくありません。それはかえって自分で試行錯誤することをあきらめてしまうものです。なぜなら、試行錯誤は元々エネルギーのいることだからです。そうなっては、親の子への「努力」がアダになってしまいます。

子どもは不安が募ると、グズグズが膨らんできます。そのとき、不安な気持ちを聴いてもらえないと、空しくなり、やがては意欲の出る場を見つけられない、出せない子に変化していくのではないでしょうか。とにかく、援助とお節介の「せめぎ合い」にいつも心がけてください。

†

知恵⑮　グズグズするのは心に不安があるから

「ダラダラしたナマケ者」と父親に言われていたある高校生は、いきなり起きあがると〝意欲〟的にこう親に言いました。

「どうせ、何やっても納得しないんだから、お前がやればいいんだよ。オレがやったって、文句言うだけだろ。自分でやれば文句いわなくて済むだろ。今頃になって、ちゃんとやれとか、子どもじゃないんだからと言ったって、やれないようにしたのはお前じゃないか」

生きていることですべて主体性があるのです。親の好みの主体性を求めていませんか。

16 どちらかというと夫の存在が薄かったので、私は厳しく『父親』の役割ばかりをしていました。

夫の存在といっても、二通りありますよね。文字通り、夫がいない場合。そして、いたとしても存在感のない場合。いずれにしても、母親が父親としても、振る舞わなくてはならない状況です。このお母さんは父親の役割を意識しすぎて母親として関わったことに、不安があるのでしょうね。だから、母親らしい優しさを子どもに示すことができなかった、という悲しい思いがあるのかもしれません。

キャリアウーマンと呼ばれるお母さんや離婚が多くなって、最近、こうした悩みを持つ母親も増えている気がします。それぞれ人は、母性（擁護）と父性（厳格）をもって葛藤しているわけですが、瞬時に今は母性を出して、ここでは父性をと、そう都合よくいくものではありません。やはり、自分のなかでこの両方を子どもとの関係で使いこなしていくしかないのです。それに関係の変化によっては父性的厳格さが母性的優しさに受けとめられることもあるのです。

「いざとなったら、お母さん（お父さん）は、おまえを守ってあげるから」と、腹を決めいつでも確信をもって言えて、子どもにそう思ってもらえる親になりたいものです。そして緊急事態には髪ふり乱しても一歩踏み出す母性の働きと状況判断する父性の働きが必要になるのですね。

心がけたいことは父性を出し続けていると母性の面との「ギャップ」に子どもが、寂しい思いを重ねてしまうことがあります。そこで、お母さんとしては、先に「お母さん、すぐにお父さんみたいに厳しくなっちゃうね」と、〝枕詞〟で本音のところを伝えるとよいと思います。すると、子どもは、厳しくなる母親は、父親として振る舞っているからだと、理解してくれます。基本は母性です。ところでこんなことを言った青年を思い出します。

「いいかげんに黙っていろよ、お母さん。たまには何か話せよ、親父《おやじ》！」と。

†

厳しさばかりが目につく母親に育てられた少年は、こう言いました。

「おまえは、母親だろ。もう少し、母親らしくしろよ。父親でもないくせに、がんがん、偉そうなこと言うなよ。エプロンつけて、たまにはオフクロの料理でもつくれよ」

ジェンダーフリーから言うと頭をかしげたくなるかもしれませんが、子どもの言いたい気持ちは受容的な心を母親に求めているのです。言葉そのものの意味や事柄にとらわれないで聴くことです。

知恵⑯　母性あっての父性の働き

17 読書は人を育てる……と思っていましたので、かなり強引に子どもにとっては好きでもなさそうな本ですが読ませています。

確かに、読書は大切だし、読書好きの親にしてみれば、子どもにたくさんの本を読んでもらいたいと思いますよね。ところで私は本を買うのは好きですが、読むのは苦手で〝積ん読〟派ですね。でも本当に子どもは、本が好きなのでしょうか。機が熟すということもあります。人生の残り時間を気にしだす年齢になって、積んでおいた本を読み始めている私です。

マニュアル通りに教育された親は、どうしても、マニュアルに頼り「この本がおすすめです。この本で、子どもの情操教育を高めましょう」なんて書いてあると、途端にその本を買ってきて、「さぁ、読んで」という具合になりやすいものです。

好きでもない本を、無理矢理読まされる子どもにとってはたまりませんよね。苦痛です。向き合う本人の状況を無視してはいけません。私は未だに読書にのめり込めないタイプですね。友だちと遊ぶことで〝眼力〟を養っている子もいます。私は本よりも話を聞くほうが好きです。

だから目よりも「耳学」になりやすいです。それを一律に、親の価値観で「本好き」にすることはありません。生きる勇気や希望は本だけが提供してくれるわけではないからです。

大切なのは、その子の「なじむ」世界を一緒に見つけて広げていくことです。自分だって意外と小さいころは読書が嫌いで、暇があると寝てばかりいたってことがありませんか。いまは親になったので、子どもが読書をしていないと、勉強（学力）についていけないからと不安になっているのかもしれませんね。

子どもは「嫌だな～」と思っても、「親のために」と考え直し、親の顔色を見て心を合わせているのかもしれません。どこか心が窮屈になってしまいますよね。親との関係でも、こんな窮屈では、子どもは言いたいことも言えなくなります。だって、親の言うとおりしていれば「いい子だね」と、親が喜んでくれるのですから、あえて、親との関係に波風を立てたいとは思いません。

でもこれでは、親の価値観を子どもに無理矢理押しつけていることになります。

親は「子どものため」と信じていますから、無理矢理なんて露ほども思っていません。そこが「わが子かわいさ」からくる、気持ちの行き違いの始まりなのです。

†

親の価値観を優先してきた結果なのか、ある子は両親にこう言いました。

「オレは、おまえらのロボットじゃないぞ。今まで、オレは一度も自分の好きなことをやったことがない。みんなおまえらが勝手にオレに押しつけただけじゃないか」

親にはそんなつもりはなくても「言いたい」子どもの気持ちに付き合うことです。

知恵⑰　人には「なじむ」「なじまない」がある。「この子はどんなことになじむのかな～」と思いを馳せてみる

18 とてもよく泣く子だったので、最後には「我がままで泣いている」と思ってしまい、放っておいたら泣きやみました。

年齢にもよると思いますが、親の目から「我がまま」と思えることを、無視してしまったんでしょうね。きっとお母さんは、「何か買わされるんじゃないか」とか「要求をのまされるのではないか」と思って、将来を案じてしたことかもしれません。

泣いて、我がままを言ってまで、親の気持ちを自分に引きつけたいと思っている子どもの気持ちを、汲み取ることができなかった悔いでしょうか。どうして泣いているのか、それを親として感じてあげることが大切です。「我がまま」にも「私」があるのです。

わが家の2歳10ヶ月の男児の孫もよく泣いて母親にべったりです。ときどき母親の娘は、聞き捨てならない言葉を孫に向かって言ってしまうこともありますが、本音のところは自分の母親としてのふがいなさに対してでしょう。その気持ちが分かるので私たち夫婦も母親である娘を思う気持ちから、孫にちょっかいをだしてこちらに引き寄せようとしたりします。でも孫はお母さんから離れずに、私たちの手を払って拒絶します。でも娘は落ちつくのです。一瞬でも〝ガス抜き〟ができているのです。同居して子育てをする良い一面でしょうね。

きっとこのお母さんは、子どもの気持ちと向き合うことにエネルギーをなくして、単に、子どもが我がままで泣いている、要求を通そうと思って泣いている、と感じてしまったのでしょうね。

子どものＳＯＳを軽視したとふり返っているのです。

ただ、ＳＯＳを出しても反応がないとき、親の愛情をあきらめてしまう子もいますが、その一方で健気にも「困らせてしまった」と深く反省して、泣かないで、手のかからない「いい子」になっていく子もいます。こんな子が成長するにしたがって、報われなさをもちやすいように思います。結果、親から心が離れてしまいがちです。

泣くのは、親とつながろうとしている、子どもの訴えの一つなのです。

泣いてくれるからＳＯＳがわかり「親」ができるのです。そして、泣いたらまず抱いてあげることだと思います。赤ちゃんは抱かれていると同時に母親の愛情にも抱かれているのです。「抱く子は育つ」ですね。だから泣く子も育つわけです。

†

これ以上、母親を困らせてはいけないと思い、おとなしくしていた少女が高校生になって、こう言いました。

「お母さん、あれで私が納得していたと思っていたの？　私、あきらめていたのよ」

「あきらめていた」と言えたのは、まだ関係をあきらめていないからです。本当にあきらめていたら、そのことさえ言いません。

知恵⑱　手がかかるから、つながっている

19 夫婦の時間も大切にと思って、子どもを寝かしつけてから、夜、趣味のダンスに通っていました。

子どもとの時間も大切だけど、私たちの時間も大切にしたい。自分の時間、人生を大切にできない親では、子どもの模範にはなれない……ということなのでしょうね。

カラオケなんかに夫婦して繰り出すんでしょうかね。パチンコなんて可能性もありますね。飲みに行ったり、夫婦だけの時間。それは大切ですよね。

いまどきの夫婦の在り方の一つとして、子育て支援を利用しながらこういうライフスタイルを選択していることもあるのでしょうね。自分の道は自分で決める。子どもに対してもです。子どもに将来、老後の面倒を見てもらおうとは思っていない。もしかしたら、遠慮されることもあるから、先に「めんどくさい」と思っているのかもしれません。そんな生活スタイルが近い将来、親子関係の実感（人と人とがつながっている）が、つかめないという悲しみをつくるかもしれません。

このスタイルもそれはそれで、立派な考え方だと思います。でもね、子どもが一番親を必要としているときに、親が「自分の生活」「自分の人生」を優先させてしまうのは、どうかと思うのです。

青年期の子どもに対してなら、自立した親の姿を見せるのもいいかもしれませんが、幼少の子どもにとって、親はただ、側にいてくれるだけで安心するものです。親の手を離れては生きていけない子どもに対しては、親に保護する働きが必要だと思います。ですから、そういう時期に、夫婦の時間を優先するのは少しひかえたほうがいいと思います。

『新・教育基本法』の家庭教育の中には、あたらしく、

「子育ての第一義的当事者は保護者である」

と、明文化されました。

もちろん子どもは国や社会の宝ですが、子育てが「サービス化」されるなかで、こんな条文を明文化しないと親の子育て放棄を招く危惧があるのでしょうか。

また深夜、カラオケや居酒屋に子ども連れでくる夫婦もいます。これも、どうかと思います。大人の生活に、子どもを無理矢理合わせている。これでは、子どもの生活のサイクルも変わってきます。幼き子どもを犠牲にしてまで、大人の事情を優先させるには、それが必要な現実と向き合うなかで、「せめぎ合う」ことが大切です。

子どもはいつまでたっても親の愛情をもとめているものです。そのことを忘れないで、どうしてもというなら、せめて夫婦で「せめぎ合い」ながらダンスに通ってほしいと思います。

†

「親は自分たちのライフスタイルばかりを優先した」と、ある若者は悔しがり、親にこう言いました。

「自分のことを優先して、なぜ悪いんだ。人のことも考えろと言ったって、まず、自分の

ことをしっかりできなければ、人のことなんか考えられないだろう。おまえたちだって、オレを放っぽりだして好きなことやっていたじゃないか。今頃、他人のことも考えろと言ったって、それは親の勝手というもんだよ。こういう生き方を教えたのはあんたたちじゃないか」

親を思い我慢して暮らしている「けなげな」子ども。その子どもの「けなげさ」をしっかり発見して、ねぎらうのは親の役目ですね。

知恵⑲ 親の身勝手さをライフスタイルでごまかさない

20 子どもには一生懸命働いている親の姿が、最高の教育だと思っていました。だから、「みんな頑張っているんだよ」と口癖のように言いました。

「頑張れ、頑張れ」と言われても、子どもはピンと来ない。

子どもの年齢にもよるでしょうが、親が一生懸命に働く姿を見ても、「何であんなに働いているんだろう」と思うことがあります。理解できないんですね。まだ、生活がどうの、ローンがどうのと、わかりませんから。

子どもにしてみれば、基本的にはいつも近くに親がいてくれたほうがいい。働かなくても、一緒に遊んでくれたらそれで満足です。童心は「名もなく、貧しく、美しく」親と暮らせればいいのです。貧困などで心の居場所を失い、こじれて家出（野宿）、夜間徘徊していたとしても、親と一緒に頑張って生き抜くことができたらという気持ちは、心の奥底にあるものです。子どもがつらいのは、親のだらしなさに付きあわされて染まっていくことです。

だから、なんでも「働く姿が、最高の教育」といっても、それが子どもにとって心の寂しさになっては何にもなりません。ただの親の自己満足で終わってしまいます。子どもが納得できる方法の一つが、働いて得た報酬のつかい方です。

子どもの通う学習塾への支払いに〝ダブル〟な働き方をしていた母親がいます。その方がわが子の高校受験にあたり、「落ちてもいいから、もっといい高校を受けてよ。だってお母さんは働いて〝投資〟してきたんだから……。誰でも入れる高校だけを受けておしまいにするのはやめてよ」と言っていました。きっと言われた子どもの心は混乱と不信でしょうね。

お母さんやお父さんが、がむしゃらに働いている。でも、そのお金が、自分の塾の月謝だったり、ピアノのローンだったり、外食のためだったりすると、子どもにとっては、それがわかった瞬間に、大変なプレッシャーになり、また働き方への疑問になってしまいます。またならないと困ります。人は一人で生きているわけではない、という「自立の心」と向き合えないからです。

さらに、子どもと一緒の時間を犠牲にしてまで働いて、そのお金で、子どもには関係ない親のぜい沢や見栄、遊びに使ってしまう、そういう優先順位のつけ方を見せられたら、子どもは、何のために働くのか、親と子の時間とは……いろいろ考えます。そのうえ「頑張って」と言われては困惑してしまいます。

居場所なき子どもたちの問題が社会問題化して、子どもシェルター（緊急時の一時的保護施設）の開設等が進められています。ただ親の「養育力」を上げない限り、根本的解決にはならないと思います。「養育力」とは経済力を上げることだけではなく、まずは子を愛しく思う関心です。その関係のつくり方が「貧困」なのです。本書で、そこを伝えたいのです。

ご両親が、一生懸命に働いているのは立派だと思います。でも、その背中を見ながら、子どもたちも一生懸命に寂しさに耐え、何かを我慢しているということを忘れないでほしいのです。「子どもは親の背中を見て育つ」ということわざがあります。〝反面教師〟もありますが、親が「働くこと」をどのようにとらえているかが問われているのです。

「子どものために、がむしゃらに働いている」ことに自己満足しないでください。子どもたちこそ、その陰で寂しさに耐え留守番していたりして頑張っているのです。だから「子育て支援として学童保育を深夜までやってほしい」等となっていくと、優先すべきは何なのかが、子どもには理解できなくなると思います。

†

いくら「頑張っても報われない」状況に立たされた少年が、親に向かって言いました。

「オレだって、寂しかった。でも、その寂しさを聞いてもくれなかった。何か文句をいうと、アンタのためにこんなに頑張っているんだから、と言ったじゃないか。じゃ、どうして今のオレ（寂しい）のためには頑張って（聞いてほしい）くれないんだ。いつもオレにばかり、頑張れと言うなよ。オレは昔も今も頑張っているじゃないか」

関心を示す関わり方の基本は子どもの話をまずは黙って傾聴することであり、そのことで費やす時間を「無駄」と見なさない姿勢です。

知恵⑳ 互いに声かけ合う関係を保てたからこそ「子どもは親の背中を見て育つ」ことができる

ここで横道にそれてしまうかもしれませんが、胸にキュンとくる作文を紹介します。金沢市のとある小学校に公開授業に伺った時、教室に作文がたくさん掲示されていて、その中の「私のお父さん」という文が目にとまり、なるほどなと読んでいると、一人の女の子が入ってきました。

「おじさん、おじさんは誰のお父さん？」

「ここの学校のお父さんじゃないけどね。君は何年生？」

「三年一組。おじさんは何しにきたの」

「おじさんはねえ、お仕事しにきたんだよ」

「へえ〜、うそだ〜、お仕事の服着ていないよ？　私の聞いているのはおじさんのお仕事」

「講演がお仕事なんだ」

「そう、家《うち》のお父さんは、お仕事で汗かいているよ。おじさん、汗かいていないね」

「困ったなあ。おじさんも講演すると汗をかくよ」

「だからね、おじさん、私が聞いているのはお仕事。それ、お仕事じゃないじゃない。家《うち》のお父さんは、汗をかくんだよ。それに三八度の熱があっても、ちゃんと仕事に行くよ」

「おじさんだって熱が出ても講演しているよ」

このお嬢さんは、必死に「家《うち》のお父さんは〇〇なんだよ」と言っていました。お父さんが聞いたら嬉しいだろうなぁ。健気だなぁ。

「ねえ、この作文、おじさん気に入っちゃったよ。この子に会ってみたいな、かなえちゃんに」

「おじさん、それ私だよ」

「そうか、そうだったのか」

背広姿の私を、この少女はまだ不思議そうにみていました。

わたしのお父さん

わたしのお父さんは、どうろこうじをしています。朝はやくから、夜おそくまで、はたらいています。

お父さんがかえってきたら、お母さんが夜ごはんのじゅんびをします。ごはんができたら、お父さんは、ごはんを食べます。お父さんがご飯を食べおわったら、お父さんは弟、妹のめんどうを見ます。わたしは、それを見て、お父さんはたいへんだとおもいました。

それで、わたしは、お父さんのこしもみをしてあげることにしました。お父さんはきもちよさそうな顔をしていました。お父さんは、わたしがこしもみをしたら、いつも「ありがとう」といってくれます。

そんなお父さんだけど、日曜日いがいは、ほとんど、うちにはいません。だから、お父さんと、いっしょにいられるのは、ほんのすこししかありません。

だけど、日曜日は、いろいろなところへつれていってくれるお父さんです。

子どもに接する時間は少なくても関係を大切にしている父と娘、母の姿が浮かんできます。働き過ぎからくる〝時間貧困〟も問題ですが、〝関係貧困〟こそ現代の親に問われていることです。悩みを分け合ってこそ家族の絆ですね。

「おまえが悪い」「いや、お前が悪い」と犯人さがしをしていると、五人家族だったら一人で五人分の悩みを背負わなくてはならなくなります。しかし、みんなで悩んで「俺も配慮が足りなかった」と詫びれば、その心が数珠つなぎとなって、悩みも五分の一に軽くなります。

21 どうしても私のキャリアを生かしたくて、幼い子どもを保育園にあずけて、働きに出ました。

もちろん、母親として子育ても楽しみたいわけですが、せっかく積み上げてきたキャリアをこのままにして置くのも、何か悔しい気がする。そこで働くことと子育ての両立を考えて保育園を選んだわけですよね。

それはいいと思います。だって、誰もがそれぞれの人生を自分の選択で歩いていいわけですから。

あえて誰かのために「犠牲になる」という結果になったら悲しいです。とくに子育てが「犠牲」という感じに受け取らざるを得ない状況になっていったとしたら、本当につらいですね。母親になって「得」したと思いたいですからね。

こうしたなかでの現実的選択として、子どもを保育園にあずけて働く。ここが現在、税金も払って「保育サービスをうける」となっています。だから、少子化と女性の地位向上の〝国策〟の中で働く親支援のサービスを充実化しているわけです。そこで「サービス」という考え方が、お金を払って買うという「消費」的な見方になっていないかを、問い返してみたいのです。サービスの買い過ぎ、使い過ぎはないでしょうか。仕事の充実感が子どもに伝わり、楽しい子育てになればいいのですが、そうはいかない現実も抱えるでしょう。このとき、再び、キャリアと子育ての間にたって〝優先順位〟に苦しむわけです。私は何が正しいとか、間違っているとかは言えない気がします。「残業で遅くなってしまい、ごめんね。待っていたでしょ」と、わが子に声をかけないではいられない心を、大切に持ちつづけてほしいのです。

葛藤をかかえつつも、子どもの寂しさにまかせっきりにならないで、仕事ができたらいいですね。

とかく子どもは、親に心配をかけたくありません。だからお母さんやお父さんのご機嫌を伺うこともするでしょう。

でも子どもの本心として、一日中寂しい思いをしていたら、お母さんやお父さんの顔を見た途端、うれしくて笑顔が出るのは当然です。このとき親御さんはその子どもの健気さを「当たり前」にしてはいませんか。

子どもがその日、寂しい思いをしていたということに、「サービス」の中で気がつかなくなってはいませんか、見えにくくなっていませんか、ということです。

仕事が終わって保育園に迎えに行くとき、お母さんやお父さんから抱っこしてあげたり、声をかけたりして、「寂しかったね」と、子どもの気持ちに共感的理解を示して、お迎えを心待ちにしていた寂しい心を癒やしてあげることが大切です。

お母さんも、お父さんも一日働いてきて大変でしょうが、子どもの寂しさや不安を少しでも汲み取ってあげてください。

ただ、子育ては、お母さんやお父さんが一人でするものではありませんから、家族や友だちの協力にも期待し、また、ときには子ども自身にも「少しだけ」頼ってみることも大切だと思います。互いに、寄りかかりながら、生きたいですね。

†

「親の愛情がほしかった」と少年はつぶやき、こう言いました。

「オレの人生だから、オレの好きなようにしてもいいじゃないか。そういう具合にお前だって生きてきたんじゃないか。小さい頃からオレを他人にあずけて、お前は自分の好きな仕事をしてきたんじゃないか。お前の人生だけ、大事にするなよ」

子どもの開き直ったような言い方に腹を立てる前に、寂しさをがまんさせてきた日々を思い起こすことです。それだけで子どもは素直になれるのです。

知恵㉑ 保育は一方的な「サービス」ではなく、「人間関係」である

22 いけないとわかっていても、ついつい子どもに感情的になって叱るのを自分でとめられませんでした。

人間だからといって開き直るわけではありませんが、感情が高ぶったりしたら、どうしても自分より弱い立場の人間にあたったり、あるいは、自分の気持ちを無条件に受けいれてくれる人に近づきグチや不満をぶつけていきます。これは、しょうがないことだと思います。

発散できずにため込んでしまうと、それが臨界点を越えたときには精神的にも不安定になり混乱状態を招くこともあります。そして、その混乱が向かっていく相手が抵抗できない子どもだったりすると、悲惨なことが起こったりするわけです。

親が子どもに当たる。手をあげる。こういう状況で悩んでおられるお母さん、お父さんは意外に多いのではないかと思います。どうしようもないのでしょうね。いけないとわかっているのについつい、大声で子どもに当たる、子どもの小さなミスを見つけて、自分の精神的緊張、ストレスをぶつける。子どもはたまりませんね。

本当は、連れ合いや家族、心ある知人に相談できればいいのでしょうが、精神的にも物理的にも聞いてもらえる環境にない。

では、どうしたらいいのでしょうか。

ある母親は、十代のとき、ずいぶんと荒んでしまい、自分の心が乾いていたといいます。だから母親になれば「優しくなれる」、子どもがそんな心を引きだしてくれると、信じていたと言います。

でも、母親を続けることは大変なことで、期待とはまったく反対に「うっとうしい気持ちに苦しんだ」というのです。そこで気分転換もかねて、パートに出はじめ、保育園にあずけたら、落ちつき、優しくなれたのです。

これが正しいとはいえないように思いますが、物心ついた子どもであれば、当たる前に、親は正直に自分のいたらない気持ちを子どもに伝えることも大切ですね。すると、少し気持ちも落ちついて、当たらなくてもすむものです。また、当たったあと、「いけないな」と思ったら、そのことも子どもに正直に伝え、あやまってください。それははっきりといけないことだからです。

「ゴメンネ。またお母さん、怒鳴っちゃったね。お母さん、素直に『助けて』と言えなくて……」

子どもがそれでわかってくれるかどうかは、わかりませんが、でも、母親の立場や気持ちの一端を示すことで、「そうなんだ」と、子どもは自分に向けられる理不尽な怒りの理由が見えてきたりします。あやまる勇気も大切な教育です。そして理不尽さを受けとめてくれる子どものいじらしい気持ちを無下にしないことです。

「そんなに、怒らないでよ」

とか、

「僕には関係ないじゃないか」

というかもしれません。でも、そういう対話が交わされていることに、つながりの幸せをもってほしいのです。するといらいらが鎮まってくれるかもしれませんね。でもそれよりも大切なことは、自分のいろいろな感情を安心して吐き出せる場を身近につくっておくことです。子どもの「還る家」になる前に、まず必要なのは親の「還る家」かもしれませんね。

†

理不尽なまま、親に当たられ続けたという少女は、いま反対に自らの家庭内暴力に苦しんでいます。

「いけないとわかっているけど、ついつい、お母さんを殴ってしまうんです」

子どもに親を殴らせてはいけません。逃げて落ちついたらまた子どもの前にそっと居ることです。

知恵㉒ 親自身が弱音をはける場や人間関係をみつけよう

23 よそから見たら、とにかく静かで、穏やかで「平和な家庭」でした。実際、そういう家庭を築こうとしてきました。

普通の家庭では、やっぱり波風のたたない、平穏無事な家庭が一番です。でも、無理をしながら、取り繕った「平和」は長続きしません。

家族のみんなが、互いに「迷惑を掛けてはいけない」と思って、「いい人」になり萎縮しながら生きている。息がつまってしまいますよね。

本当は、家族だから、お互いに迷惑をかけあってもいい。安心して、グチや弱音が言え、ケンカができる。でも、ケンカしたあと、一緒にご飯を食べ、お風呂に入り、テレビを見る……これが家族です。ケンカしても仲直りできる家庭であるか、ないかは大切なことです。

「平和」を演出しようとすると、緊張します。でも、人間関係の修復能力が育っていない家庭では、そうでもしないと「家族」というしがらみも背負っているだけに、生活しにくいのです。そこでトラブルを起こさないように家族一人ひとりが緊張しているのです。

一時的にしろ、波風が立たないのは、緊張しているからです。

トラブルはないけど、みんな本音を出さずに人間関係から「引いている」ような感じ。これでは家族の生身の姿が見えない。霞がかかっている、というわけです。

人間は怒ったとき、本当の姿が見える。

だから、波も立たない家庭は、逆に言うと、なにも見えない家庭ということになります。誤解されると困りますが、私は家庭に波風を立てろといっているのではありません。無理をして、窮屈な思いをして、「平和な家庭」を演じる、その無理を言っているのです。

人間関係は、ケンカしたり、怒ったり、怒鳴ったりするなかで、折り合い、譲り合い、互いを理解し合う。「せめぎ合って、折り合って、お互いさま」に努めていれば「透明な存在ではいられない」わけです。怒って赤くなった顔、悲しくて泣きじゃくる顔……これがいいのです。

†

「平和」が崩れたとき、少年は言いました。

「うちの家は、霞のかかった緊張というオーラに包まれたような家だった。誰も本音を言わず、〝いい人〟の集団だった。心は家庭内別居の家だった。そういうなかで育てられたのに、今頃、もっと自分の意見を出さないと世間では生きていけないなんて、よくそんなこと言えるよ」

子どもの人間関係の不器用さを親の勝手で否定すると、その怒りが状況によっては社会への迷惑行為として発散されることもあります。

知恵㉓　せめぎあって、折り合って、お互いさまの生活を

24 夫の気分にむらがあり、怒らせないようにと母子で気を使い、息をひそめて暮らしてました。

ことを荒立てないように、いつも気をつかって生きてきたのでしょうね。おどおどしているお母さんを見て、子どもは「どうしてあんな男と結婚したんだろう」と思っているかもしれません。

さて、人間誰しも、感情にむらがあるのは仕方のないことです。では、問題はどこにあるのでしょうか。

私は、お母さんが、お父さんのそういう性格を諦めて投げやり的になってしまった、見限ってしまった点だと思います。お互いを深く知り合う努力をするためには、ときに対立もあります。耐えるだけの家族なんておかしいですね。でも、それに向かっていけば暴力を受けてしまいかねない。修復に疲れてしまうので、自然に相手にしないように振る舞ってしまうのですね。怒りっぽい性格、いらいらをすぐに顔に出す性格、暴れる性格……人間いろいろです。

「しょうがないよね。誰でもそういうところはあるよね」と、まずお母さんが本音で、子どもに言い聞かせることも大切です。ゴチャゴチャしたものが存在するのが家庭で、そういう中でも、生きていく方法がちゃんとある、ということを子どもに教えてあげられれば最高です。

夫の怒りに無抵抗で、いつも逃げて、避けているばかりの生活は、子どもにとっても窒息状態です。これでは、言いたいことが言えず、本当に苦しい。ですから、お母さんが時には、子どもの不満を聞いてあげるようにしたいものです。まさにお互いさまです。

気持ちが出せてこそ、相手の気持ちも入ってくるわけです。

どの夫もおとなしくて、理想の男性、なんてことはあり得ません。どこかに人間としての弱点はあるものです。そういうものを、可能な限り受けいれるのが家庭なんだと、お母さんが子どもに関係の取り方を通して伝えてあげたいものです。弱点を取り立てて責めないことです。そんな関わりが、そのまま不安を彷徨《さまよ》う子どもにとっては〝安定剤〟です。ただし、いくら家族だといっても限度があります。そこはお互いがおかれている状況をみて、現実的に判断するしかありませんね。大切な関係を一つ捨てることで前に一歩踏み出せることもあるのです。

†

「家庭」という意識に「支配」されてきたという少年は、こう言います。

「僕だって、言いたいことといっぱいあったけど、お母さんがじっと我慢していたから言えなかった。でも、一番苦しかったのは、そういう自分の苦しい気持ちを、お母さんが一度も聞いてくれなかったことだった」

親にとっては「ささいな」ことでも、それが子どもの心を左右する〝つぼ〟だったりするのです。

知恵㉔ 理解し合う努力をしつつも現実的な対応を

25 隣近所の目が気になり、家庭内のいざこざを聞かれないようにと、いつもカーテンや雨戸を閉めていました。

世の中、世知辛《せちがら》いものです。他人の目がやはり気になります。人並みであれば安心できる世の中です。

だからでしょうか、夫婦ゲンカしている家庭を見ることが少なくなってしまいました。ケンカしても、この家庭のようにすぐに「聞かれたらまずい」「争いは恥ずかしい」「みんな静かに、おだやかに暮らしているのに」というわけで、カーテンを閉めてしまうのでしょうか。

ケンカするのは悪い家庭、というどこか強迫観念みたいなものがあるのでしょうね。知的な生活を是《ぜ》としている人に、こういう傾向がみられるように思います。品よくおさまっていなければならないのでしょうか。

いざこざがあり、笑いがあり、怒ったり、悲しんだりして、初めて家庭、家族なのです。怒れることができるのは、相手から許されることを知っているから、そして、理解してもらえることを知っているから、そういう人間関係ができているからとも言えますが、反対に考えると、そういう、いざこざ、トラブルを通して、お互いがより深く理解できるようになるのです。

感情をコントロールできない人間は、おろかな人間……と思っているのなら、それは間違いだと思います。感情を無秩序に爆発させるのは問題外ですが、でも、コントロールし過ぎは、感情の抑圧であり、それが家庭という枠のなかで強制されると、本当に、窮屈なものになってしまいます。

泣いたり、笑ったり、怒ったり……、それができれば「透明な家族」になることはありません。本音でぶつかり合えることが大切です。心の解放は、そういう泣き笑いだと、私は考えています。

†

感情を幼い頃から抑圧されてきたお嬢さんが、ある日、胸の内を明かしました。

「人間なら誰もがもっている自然な感情、〝喜怒哀楽〟を正直に出したかった。感情を押し殺していたら〝いい人〟になってしまいました。〝神様〟になっていました。いま親に向かって悪態をつくことで、やっと自分の意見を言えるようになりました」

いわゆる〝いい子〟が弱音や少し乱暴に悪態をついたら〝赤飯〟ものですね。

知恵㉕　ケンカするほど仲が良い。なぜなら「仲直り」できるからケンカもできる

26 子どもと遊んでいても、すぐに理屈で説明し、相づちを打つよりも、うなずかせるほうが多かった。

生真面目なお父さんに多いタイプかもしれませんね。要するに「ずっこけ」（ふざける）できない、一生懸命すぎて楽しめないのですね。遊び事でも羽目を外すことができないのです。

子どもが「理屈」を求めてきたら別ですが、本来、遊びに理屈なんか必要ありません。なのにお父さんは、いつも理屈ばかり。せっかく遊ぶんだから〝最高に質の高い遊びを〟と考えているのですね。遊びは失敗といいかげんさの許された「ゆとり」の世界です。そこで〝真剣〟に向き合ってくると、子どもはうっとうしくなるんですね。たとえば野球をすると、投げ方、走り方の説明から入り、ちょっとでもミスすると「そうじゃないだろう」と再び説明。子どもにとって、そんなことどうでもいいんですよね。要は、お父さんと楽しくキャッチボールができれば。でも、お父さんは、すっかりコーチになったつもり。これでは、子どもはたまりません。構えた人には、子どもも構えます。わが子に懐いてもらうためには、脇の甘さが大切です。かつてこんな日々から「親殺し」に追い詰められた思春期の子どももいました。

理屈で押し通すのは、実は、とても楽なのです。なぜなら、理屈はだいたいにおいて正しいのですから。でも本当に子どもが楽しいのは、感情、気持ちに寄り添ってもらったときです。「お、いいじゃないか」「うまくなったな～」「お父さんも小さい頃はな～」といった、脇の甘いコミュニケーションが楽しいのです。いつでも割り込みできる関係です。父親としてたまの休日だからこそ、日頃できないから、いろいろ子どもに教えて関わっておきたい気持ちはわかりますが、まず一緒に笑って、一緒に楽しむことが大切です。

一生懸命に教えても、結局は、子どもが遠ざかっていくのはあまりにもつらすぎます。お父さんとしては、報われない気持ちになり、〝ヤケ酒〟となります。せっかく教えてあげたのに、なんだ！　というわけです。大切なのは、野球をすることも、釣りをすることも、みんな父と子のコミュニケーションをとるための手段に過ぎないということです。目的は上手になることではなく、親子の関わり、対話を生み出すことなのです。

✝

〝会社人間〟で家でも理屈っぽい父親を息子は相談室でこうたとえて言いました。

「僕のお父さんは〝不動明王〟のような人です。いつも踏みつけられている感じです。だからいつもお父さんの言うことを守ってきました。それなのに、いじめられて不登校になり頭の中がバラバラになりました」

父親は日ごろから家族と対話がなかったので、まさかそんなたとえ方を息子にされているとは知らなかったのです。切ないですね。

知恵㉖　脇の甘いコミュニケーションを大切に

27 子どもらしい質問が「バカな質問」「低次元の考え」と思えました。だからたびたび上から目線、しらけた態度に出てしまいました。

子どもは人生を「練習」しているので、ときに現実に合わない「愚かな」質問をするものです。でもそれを「低次元の考え」と目くじらたてていく人は、子育ての楽しさに気づくことに時間がかかるでしょう。それは大人の目からの「愚かな」であって、子どもにすれば立派なまじめな質問です。そして、そういうやりとりを通して親子の絆を深め、人間関係を学んでいくものです。

私もかなり前から幼児教育に関心をもち、保育園や幼稚園に度々お邪魔し、そのときあらためて子どもの「健気さ」に出会い、「面白いことを言うもんだ」と妙に感心したりして、自分の感性がどんどん豊かになっていく実感を抱いたものです。ですから、子どもの質問を「バカな」と思って、それが態度に出てしまうのは、親としても、子どもの目からも切ないものだと思います。

子どもは、思春期になっても親に気持ちをそのまま、現実を度外視して整理されないまま表現しようとします。組み立てて話さないことが素直、自由さなのです。だから、ばかばかしい、脈絡のない話もあるのです。その話をたぐりよせてそっと脈略をつけていくのが親の役割です。子どもは不安が起こると当初、思いつくまま自分の気持ちを吐露し、表現してくれます。だから、人としての素直さがストレートに浮かび上がってくるのです。おちゃめでやんちゃな〝童心〟です。けなげで、いじらしいです。

大人は、そういう子どもの言葉の背後にある、気持ちを汲み取ってあげることが大切です。「言いたいことがあったら、ちゃんと言いなさい」「まだ、そんな幼稚なことを言っているのか。年相応の考えをもって、しっかりしゃべりなさい」などと言われたら、つらいものです。言わないほうがいい、と思ってしまいます。中身を話す前に、その話し方のほうを注意されてしまう。出鼻をくじかれてしまうから、本当に悔しいし、空しい。話す気は遠退きます。

こういう気持ちを子どもに味わわせてはいけません。言葉はその表面だけで判断してはいけないのです。言葉は「記号」ぐらいに思ってください。人の気持ちを相手に伝える手段なのであって、たとえば「平和」とひと口で言っても人によってその意味は様々なのです。言葉は抽象的なものです。具体化して聞いてみるとまったく違った意味でとらえていることもあるのです。だから話は重ねて聞いてみないと分からないのです。

大切なのは言葉を聞くなかで、気持ちを聴ける親になることです。

†

父親を人間的に好きになれないという青年が、こう言いました。

「お父さんは、体全体が、〝正しい〟という字でつまっている。だから反論もできない」

話したくなるような聞き方に努力したいですね。

知恵㉗　「正しさ」を押しつける人は、他の人の「正しさ」を受け入れきれない

28

眠れないほど心配することが多く、子どものことまで気持ちがいきませんでした。

親御さんにしてみたら、子どものことよりも、ご自分の心配ごとがたくさんあったんでしょうね。お母さんなら、姑、夫、隣近所、実家のこと。お父さんも親の介護や親せきとの人間関係。二人とも働いていれば仕事や職場のことで気になることも多いはずです。

悩みのない人間などいないわけですから、誰でも、悩んでいる。程度の差はあっても、その人にとっては、どれも最大級の悩みです。だから、子どものことにまで頭が回らなかったのかもしれませんが、可能な範囲で親の悩みを子どもに相談していれば関心は深まっていたはずです。

では、なにが問題だったのでしょうか。私は、そうした悩みを「話しても仕方がない」と一人で抱え込んでしまって、気持ちを出さなかったことだと思います。人間関係での悩みを打ち明けると、「そんなことで……」と否定されたり、対立したりするかもしれません。でも、一人で悩み、苦しむより、苦しんでいるんだ、という気持ちを表現したほうが楽になるものです。

対立したり、非難されたりするかもしれませんが、でも、そういうなかから、人間関係が生まれ、折り合う方法を見つけ、八方塞がりのなかから、新しい道を見つけることができるものです。人間関係は人と人との組み合わせできまります。その組み合わせも人を求めている限り、代わり得るものなのです。だから人間関係をあきらめてはいけないのですね。

そして、なにより大切なのは、そういう姿勢を子どもに見せていくことです。苦しくても、何とかなる方法があるものだよ。黙っていないで、正直に自分の気持ちを出せば、なんとかなるもんだよ、と身をもって示すことだと思います。

黙って、自分の苦しみに耐えていることは、かっこよくもなんともありません。それこそ「透明な存在」です。悩んだらまず考えて、それから抱え込まないで相談していくことです。それを、無理に隠そうとするから、体は見えても、心が見えない、心がわからない、実体、存在のつかめない「透明な存在」になってしまうのです。

†

一人寂しさに耐えていた少年が言いました。

「親なら親らしくしろよ。生んだ責任があるんだよ。オレがどんなにつらかったか、少しくらい、オレの気持ちだってわかるだろう」

「生んだ責任」とは「話し相手」になってほしいということですね。

知恵㉘　悩んだら考えて、わが子にも相談する

29 自分が母親に甘えられなかったので、子どもをどう甘えさせていいかわかりませんでした。

意外と、「いい子」で育ってきた優等生タイプのお母さんに多い悩みです。

わが子が確実に苦しみを抱えているのに、絶対、子どもから甘えてこない。子どもが母親である自分の前でも緊張した態度になっている……。そういう状況がわかったとき、お母さんは辛く悲しくなります。極端な例かもしれませんが、思いあまって母親が抱きかかえると、エビ反りになってしまう子もいます。

「子どもに弱音を吐いてもらえない親」「甘えてもらえない親」がいます。それが、どんなに親として切ないものか、自分の無力さに気づいて初めてわかることです。そして、自分もまた、子どものころ、親に弱音やグチを言えなかったことを思い出すのです。

でも、このことはそうたやすく気づくものではないのです。なぜなら子どもが、母親に甘えてこない、これは親としてはとても楽なことだからです。とくに、二番目、三番目の子どもが生まれて忙しいときに、聞き分けのいい、手のかからない自立したかのような子どもは、本当に親としては助かります。だから、いつのまにか関わりの手抜きになることがあるのです。これは「甘える距離感」を子どもに推し量らせていることになるのです。

だから、とかく引っ込み思案の子は、その「間《ま》」を取ることに自信がなく、戸惑いつつも甘えることをあきらめていくこともあるのです。

しかし、それは親として、逆に子どもに「甘えている」ことだということに気がつかなければなりません。子どもから弱音を吐いてもらって、初めて一人前の親になることができるのです。そのことに気がついてください。子どもは十分、親に依存しないと自立できないとはこのことです。

お母さんに甘えると、お母さんは困った顔をした……と、甘え方を学べなかった子どもも相談にきます。また、甘えたらお母さんから叱られた、という子どももいます。だから、子どもたちは我慢し過ぎてしまい、結局、辛抱するべきところでできずに「キレ」てしまうこともあるのです。

感情を押し殺していくと、今度は出すとき極端な出し方をしてしまいがちです。それは当然で、立ち居振る舞いのT・P・O（時・場・目的）がわからないのです。「間」の取り方を学んでいないからです。この苦しさを理解してあげてほしいのです。ただこれは、一朝一夕にして身につくことではないだけに、周りの援助が決め手になると思います。

そして、極端な感情の出し方で傷ついて、人間関係に怯《おび》えていく子も多いのです。だから、人間関係に冷めた子どもがいます。関わりに期待しないことで心を〝楽〟にしているわけです。すると孤独感は深まっていきます。

ある二十歳をまえにした女性が、こんなことを言いました。

「私は、どう人に甘えたらいいのか今もわかりません。気軽に親に甘えている友人をみると、とってもねたましく思えるほどです。いつの頃からか、人に優しくされると怖くなり、冷たくされたほうが楽な気持ちになるときがあるんです」

人に期待して裏切られるよりも、始めから期待しないほうを選ぶ。そのほうが「楽」というわけです。気持ちは分かりますが、孤高を生きることも辛いですね。

知恵㉙ 冷めた言動を無視しない関わりを

30 自分自身が人付き合いが苦手だったので、子どもに近所の友だちをつくってあげられませんでした。

人間関係……なんども出てきた言葉ですよね。

言葉は抽象化された「記号」です。そこでみなさんは、この言葉からどういう人間関係を連想するでしょうか。また、どういう人間関係をのぞんでいるのでしょうか。

人とトラブルがなく、心が通い合い、いつも和気あいあい、悲しみは消え去り、笑い声が絶えない……というものでしょうか。そんな人間関係は空論ですよね。実際は、もっとドロドロしたものです。きれいサッパリの人間関係なんてあり得ません。そのことを、理解していないと、人間関係の「パラダイス」を追い求めることになります。

ケンカして、怒って、それで仲直り。それでも関わり続ける、ということが人間関係では大切です。人付き合いの苦手を認めた上でぎこちなくても、自分なりの「人間関係」を結ぶようにすればいいのです。ケンカしたら、永遠に人間関係もダメになる、と思うと、人と話すのも恐いですよね。でも、ケンカしても、明日には「おはよう」と言える、あさっては言える。来月は言える、来年は大丈夫……という具合に、気長に考えることです。

すべての人間関係は、組み合わせのなかで変わり得ることを、ここでもう一度再確認しておきたいものです。

上手に人間関係を結ぼうなんて考えなくてもいいのです。全員が人間関係が上手な社会、なんて考えただけでも、ゾッとします。ぎこちなくてもいいのです。

ふと思いますが、金魚はなぜ、あの狭い鉢の中でみんなで泳いでいても衝突しないのでしょうかね。

そんなふうに考えると、子どもの友だち関係でも、〝真実の友〟といった「理想」を追い求めなくても、いいのではないかと思います。気楽に、気長に、人間関係を結びたいと思います。

人間は、いろいろな人がいるから面白いのです。凸凹があるから、楽しいのです。いろいろなタイプの人が、組み合わさって、人間社会をつくっているのです。ジグソーパズルです。だから欠けていい人はいません。そして、人間関係にマニュアルはないのです。関わり続けることをあきらめなければ、いつか関係づくりは間を心得て身につくのです。

†

ある中学生が母親に言いました。

「お母さんは、私が幼稚園から帰ってくるたびに『今日は誰と友だちになったの』『誰と何して遊んだの』『友だちは何人になったの』と毎日のように聞いてきた。だから、友だちをつくることに、もう幼稚園で疲れてしまったんだよ。わかる？　お母さん。子どものことより、自分の世界を広げてほしかったよ」

親自身の人生のテーマを子どもにすり替えてはいけませんね。

知恵30 友だちの数を増やすことよりも、人間関係をあきらめない勇気を伝える

31 姑が異常に子どもをわがままにしていましたが、親としては面倒を見てもらっていたので、なにも言い返せませんでした。

忙しい親で、おばあちゃんに子どもの面倒を見てもらっていたので、なにも言えなかったのですね。おばあちゃんを責めるわけにはいかない、でも、なんとかしたかった、というわけですね。ひと言、おばあちゃんに気づいてもらえるような言葉掛けができていたらよかったと思うのですね。

それぞれのケースがありますから、なんとも言えないのですが、一例をあげてみましょうか。

「私は母親なのに、おばあちゃんのように、できないわ。本当に、子ども（孫）をかわいがってもらって、ありがたいです。母親だから、ついつい厳しくなってしまいます」

そんなふうに、何気なく言えたらいいですね。

「いや、母親はわが子だから、つい厳しくなるもんだ。祖母はかわいがることしかしない。また、目にあまるかわいがり方をしていたら、注意しておくれ」

こんな返事がきたらうれしいですよね。

では、子どもにはどう言ったらいいのでしょうか。

「うらやましいよ、おばあちゃんが。お母さん、ちょっと寂しいな」

「お母さんに、たまには甘えてくれるとうれしいな」

子どもに、母親としての愛しい気持ちを正直に伝えると、よいと思います。そして子どもの母親への気持ちも汲みとって、少し弱音を吐くような言い方がいいと思います。

「おばあちゃんに、迷惑だから、あんなに甘えちゃダメよ」とかは、かえってマイナスになるような気がします。それを言うなら、「おばあちゃんが、スキなんだね」「甘えられていいね」といった表現のほうが、子どもの気持ちを汲みながら、なおかつ気づきの援助をしていると思います。

†

「我慢のない我がままな子」と言われていた中学生が両親に言った言葉です。

「おまえたちが、オレをおばあちゃんにまかせっきりにしたから、オレはこんな我がままな子になってしまったんだぞ」

子どもだって「我がまま」が世間で通用するとは思っていません。そのことを信じて、自分の意見や考えを譲ったときは「お母さんの我がままを聞いてくれてありがとう」と返事することですね。

知恵31　思いやりのひと言で、人は相手を受けいれる余裕をもてる

32 姑が、子どもに親の悪口を言っていました。そのせいで、息子は親の言うことを聞かなくなりました。

子どもから、不信な目で見られてしまう、そんな不安もありますね。親の悪口ばかりを姑から聞いて育てば、どんな子どもに育つのか、親は悩みます。共稼ぎで、おばあちゃんに子どもの面倒を見てもらっているから、姑に強く言えない、そんな事情があるようですね。つらい思いが、ときとして被害者意識を生んでしまいます。「わが子から、ひどい親だと思われてしまう」そんなふうに考えると、いてもたってもいられない気持ちになります。

でも、親の悪口を聞かされている子どもの気持ちはどうでしょうか。本当に、おばあちゃんから吹き込まれる通りに、思っているのでしょうか。おばあちゃんに育てられている、面倒をかけている、と思って、子どもも本当の気持ちを言い出せないのかもしれません。そして家族の人間関係のぎこちなさを子どもは背負うわけです。

私のもとに訪ねてこられるケースでこういう面接場面がありました。子どもがガンガン母親の悪口をいうのです。だから私も調子に乗って、つい「本当にそうだよね。ひどい親だね」と、相づちを打ったところ、「アンタに、オレの親の悪口をいってもらいたくない」と、ひどく反発されたことがあります。そうなんですよね。子どもの自分はいくら言っても、他人から親の悪口を言われたくないのです。それが自然な気持ちでしょう。他人は他人事で、自分はわが事として親子関係をずっと背負ってきたし、これからも関係は続くのです。

おばあちゃんから、お母さんの悪口を聞かされている子どもの気持ちを、最初に察してあげてほしいと思います。本当は、子どものほうがお母さんより、何倍もつらい気持ちを抱いていることもあるのです。それに面倒をみてもらっているおばあちゃんを、だんだん嫌いになっていくことに悲しむ子どもの気持ちも忘れてはいけません。心を寄せている人が、人の悪口を言っているのを聞くのは、私自身もつらくなります。

自分の悪口を言われたら、誰だっていい気持ちはしません。同じように、子どもだってかけがえのない大切な親のことを、いろいろ言われていい気持ちはしないのです。そういう子どものつらい気持ちに寄り添うことができれば、問題解決の糸口が見えてくるのではないでしょうか。

「加害」少年や家出する子どもの話を聞いていると、比較的小さいころから何気なしに親の悪口をまわりの大人から聞かされていたりするのです。

†

母親が高校生のわが子に、姑へのグチをこぼしたときに、その高校生がこう言いました。

「オレ、何も話さなかったけど、おばあちゃんがおまえの悪口を言ってたとき、つらかったんだぞ。その気持ちを、知ってたか。自分ばっかり、被害者面するなよ」

これが子どものいじらしさですね。

知恵㉜ 荒ぶる子どもほど「親」を意識している

33

「わが子かわいさ」の落とし穴に気がつきませんでした。

親からすれば子どもは、かわいい。とくに一人っ子、苦労の末に授かった子になれば、なおさらかわいい。大事に育てようと思うのは自然な気持ちです。

ところが、あまりにも「かわいい」という思いがつのり、子を想う親の気持ちを強く出し過ぎると、子どもからすれば、うっとうしくてお為《ため》ごかしの「押しの強さ」に思えてきて、親に対してなんとも言えない不快感をもってしまうものです。

いわゆる「ムカつく」状況です。

「おまえのためなんだから」と親が子どもに言い聞かせ、そのように育てる。すると、子どもは自然に「いい子」になっていきます。それはいいのですが、「いい子」は「親に反発しない。親に心配をかけない」と思い込んでしまうことがあります。親に言いたいことがあっても言えない子どもになってしまう「危険」があるのです。

親子関係を含めて人間関係には、不満がつきもの、どこかでその気持ちを吐き出す機会がないと「病気」にもなってしまいます。そして、人は心配をかけたり受けたりしながら生活しているものです。だから「いい子」ほど気をつけて見守ってあげたいものです。先述しましたが「いい子」が悪態でもついてくれたら赤飯ものですね。

親にとっても、素直でいい子は「都合がいい子」ですよね。だから、余計に親は気がつかない。自分の子育てにますます自信を深め、かわいさが増してきます。こうなってしまうと、親自身ではなかなか「自分の愚かさ」に気がつきません。

それが、「わが子かわいさの落とし穴」なのです。

他人が注意することでもありませんし、また注意しても、この状態では反発するのみです。「いらぬお世話」と言われた話はよく聞きます。だから親本人が気がつく以外に方法がないのです。ただ、子どもが勇気を出して「問題行動」でも起こして「うるさいんだよ、ババア」とでも言ってくれたらいいのですが、反対にそんなことでも言われたら「子どもの優しさ」になれ親しんできた親ほど逆上してしまうものです。赤飯ではなく焦げ飯です。少し古い表現ですね。「誰に御飯を食べさせてもらっていると思ってるんだ！」と言いがちです。

問題は、その押しの強さですから、時々、子どもに聞いてみるといいと思います。「お母さんのこと、うっとうしく思わない？」「お母さん、先走ってないかい？」といった具合に。

子どもは「そんなことないよ」と、心とは違うことを言うかもしれません。でも「お母さんは、自分のしていること、少しわかっているんだ。心配しているんだ」と理解できます。すると理解してくれる確信がもてて、思ったことを言いやすくなれるのです。そして、「お母さん、もう私は子どもじゃないんだから、いいかげんにしてよ」と、うっとうしさを少しずつ小出しに言えるようになると思います。

子どもの気持ちを無視して、かわいさを押しつけてこられたある高校生の子どもはこう言いました。

「今までの素直なおまえはどこへいったんだと言うけど、言いたくても黙っていただけなんだ。かわいいだの、いい子だのと言って、オレの不満やネガティブな気持ちを、一度でもちゃんと聞いてくれたことがあったかよ！」

こう言われたこの「今こそ」聞きどころなんですね。

知恵33　わが子への思いの深さが押しの強さになっていないか、子どもに尋ねてみる

34 子どもの部屋には決して入らないようにしていました。

問2でもふれましたが、いわゆるマニュアル世代の、独立、自立優先の教育観で育った親なのでしょうね。子どものプライバシーを守る、というわけで、親でも子どもの部屋に入ってはいけない、と親自身が思い込んでいるのです。

成人した子どもならいざ知らず、まだ親のスネをかじっている段階ならば、親は子どもの部屋に入ってもかまわないと、私は思います。ただし、前にも言ったように、ノックだけはすべきです。「入るよ」という合図ですから。それに入っていいからといって「家捜し」はいけませんね。その心境になる場合は、もっとコミュニケーションの改善に努める必要があります。

さて、子どもの部屋に決して入ろうとしないのは、子どもから見ると、どう映るのでしょうか。何か規則のように入らないとしたら、

「おまえのことは、おまえでやれ」

「甘えは許さない。責任も自分でとれ。子どもとして、それなりにちゃんと自己判断して行動しろ」

そんなふうに、親から突き放された感情をもつことも考えられます。子どもは一人で悩んでいるとき、誰かに声を掛けてもらいたい。でも、部屋に入ると、親さえも入ってこない。ましてや、

自分から両親の部屋に行くことも行きづらい……。子どもは孤独です。そんなとき、ふっとみると子どもは居間にいたりするものです。それこそ、「透明な存在」。境界線を越えて寂しさが攻撃性に変わりそうな気持ちなんでしょうね。

親子が、独立した部屋をもっている、そのことは悪いとは思いません。でも、親子ですから、家族ですから互いにいい意味で「干渉」し合うことが大切です。関わり合う、ということです。なにかあったら、ノックして部屋に入るぞ、と親から子どもへちゃんとメッセージを送っておくべきです。その代わり、両親の部屋にも入室ＯＫにしておく必要があります。

つまり、社会性が基本となる集団生活の過ごし方は、家庭づくりから始まるのです。いつでも別れられる「一見《いちげん》さん」の関係ではなく、逃げられない親しさと、うっとうしさの混じった、わずらわしい人間関係をどのように背負っていけばいいのかの学びは、家庭生活にあるのです。

子ども部屋が、親にとっての「聖域」になってしまうのは、考え物です。子どもが、親の手の届かない世界に入り込んでいて、親は自らタッチできなくなります。また、反対に子が親に相談できにくい環境がつくられては困ります。具体的に言えば、よろしくない世界に入り込んでいても「救い出せない」ということなのです。

子どもの部屋に入らない、子どもにムダ口はたたかない、ということは「親子の人間関係の希薄化」につながっていくと危惧しています。そして、子どもが親に対して部屋に入れてくれない、口をきいてくれないとしたら、それはすべてコミュニケーションの問題だと思います。

その場合は、部屋への入室にこだわらないで、日常の挨拶からふれあいを始めてみてください。

話したくなるような、ふれあってみたくなるような親になっているか、自己点検が必要だと思います。子ども部屋を話しやすいサロンにできたらいいですね。もちろん親のあなたがゲストです。

†

長く親との接触を断っていたある子どもは「物言えぬつらさ」をやっとこう言えました。

「同じ家にいたのに、オレはまるで下宿人だった。挨拶は交わしても他人行儀な家庭で、無性に、寂しかった」

言葉は飛びかっていてもそれが情報伝達だけで、気持ちの表現が入った会話がないと寂しいですね。

知恵34　自室にこだわらないで、ほのぼのとした関係の居場所をつくる

35 妹（弟）が誕生してから、「お兄ちゃんでしょう。我慢しなさい」が口癖になってしまいました。

前にも言いましたが、お母さんやお父さんからこういうことを言い続けられると、子どもはいわゆる「いい子」になって親に合わせていくか、内面に攻撃性を高めていくか、実に微妙です。だから「萎縮した、いい子」といったイメージですね。

○○してはいけない、○○しなければならない、と言われ、親に甘えることを許されない状況に子どもを追い込んでしまうのです。繰り返しになりますが「甘えること」は「素直に言えること」になります。甘えられない子は素直になる道を閉ざされた子になるのです。

さて、小さい子どもの子育てには手が掛かるので、お兄ちゃんにまで手が届かない、だからついつい、お兄ちゃんの行動を「抑制」する意味もあって、「我慢しなさい」と言ってしまうのだと思います。極端な場合は「人を頼っていてはダメよ」というような言い方をするお母さん、お父さんもいます。

人を頼らない人間なんて、世の中にはいません。誰かを頼り、誰かに頼られて生きているのです。それが人間関係ですよね。偉そうに言っても、生きていることそのものが人を頼っているのです。

お母さんが、小さい子の子育てに忙しければ、お兄ちゃんを「頼り」にしてください。できなくてもいいのです。お母さんから、「お兄ちゃんを頼りにしているよ」と〝必要〟というメッセージが届けられるだけで、お兄ちゃんの寂しい気持ちは吹き飛んでしまうものです。

頼るというのは、素直に甘えることでもあります。頼られ上手、甘え上手の人間関係を家庭のなかから、手間暇かけて作ってほしいと思います。人に頼らず、何でも自分で行ない、甘えない……そんな自己完結型タイプが理想的な子どもの姿で、人間の姿なのでしょうか。甘えられるから、安心できるのです。頼られるから自信が湧くのです。やる気が出るのです。弱音が吐けるから、未来が拓けるのです。

「我慢しなさい」の口癖を、「一緒にやろうよ」「ねぇ、手伝って」にしてみましょう。

でも、子どもは「オレ、テレビ見たいから」とか言って、手伝いを拒否するかもしれませんね。でも、それでいいのです。「無視していないよ」という親のメッセージは、確実に子どもに伝わるのですから。時間が過ぎて手伝いにくるものです。

「楽しんでいるときにごめんね。テレビ、ちょっと我慢して手伝ってよ。お母さん、手が放せなくて、いま困っているから」と、お母さんも本音で、子どもと対話してみましょう。子どもも、安心して、お母さんに本当の気持ちをぶつけることができるようになります。

「〇〇しちゃダメ」というより、「〇〇してちょうだい。助けて」と言うほうが、親子の人間関係は深まると思います。

†

母親に「我慢しなさい」と言われ続けられてきた、中学生の子どもは、こう言いました。

「親って、わが子でも嫌いな子がいるんだね」

不自由さを強いられるほどに現実と乖離した母親像を描くのが子どもです。その一つが「この人は私の実母ではないかもしれない」と感情を遮断することです。

知恵35 具体的にわが子に届けたい〝必要〟というメッセージ

36 誕生した子を近所の人や実家の父に抱かれると、とても不安でした。

子どもの「ペット」化ですね。「危険な母」といえるのかもしれませんね。子どもがなにもわからず反応しないうちは、このことの危うさに親も気がつきません。物事がわかりはじめると、「ペット」にはなれないと泣いたり、嫌な表情を示して、不快感を露わにする子もいます。この反抗の意味に親が気づけば救われますが、なかなかむずかしいのです。子どもは「危険な母」に身の不安を抱きはじめると不安行動をたまに起こしたりします。それがいわゆる「症状」といわれる前の、ぎこちない不自然な行動です。子どもの心はかなり息苦しいのです。

とにかくやっかいなことは、自分の過剰な母性愛に母親が気がつかないことです。母親としての本能ですから、これはどうしようもない。他人に抱きかかえられるだけでも、ハラハラしてしまうのです。一時たりとも他人の手に渡したくない、そう思うのでしょうね。父親も過剰な愛情のかけかたに不安になり、母親に声をかけたりします。ところが、その多くは〝やぶ蛇〟となり父親の子育て責任を問われたりします。そして「注意すればかえって家のなかが暗くなる」と妻への関わりをやめていくのです。

子どもは大きくなって、両親のそういう態度に嫌気がさして、限界を感じて反抗的な態度に出ます。すると途端に、こういう親はうろたえてしまいます。「そんなはずは、ない。こんなに子どものことを愛しているし、手を掛けて育てたのだから……」というわけです。このような環境で育つと、常に不安が強いために神経症に苦しむケースも多いのです。とくに強迫性障害、パーソナリティ障害はここ数年間、増えているように私は実感しています。（※）

本来、母性愛というのは「自己中心・子ども中心的」なものになりがちなのかもしれません。母親が子ども中心だから、子どもも安心できると思います。自己愛もそこで育ちます。でも人間関係を考えると、いつでも、どこでもその状態が保証されるということはなく、子どもは苦しみを背負うことになるのです。いつかは他人の自己愛も尊重し、自分中心主義を見直さなくてはならないのです。つらいことかもしれませんが、そこで他人とのつながりが会得できるといいですね。それがないと片寄った「自己愛」「家族の絆」になりかねません。

†

過剰な母親の愛情のなかで育った子どもが、こんなことを言います。

「お母さん、誰も俺の言うことを聞いてくれない。イライラして何かを殴りたくなってくるんだよ」

割り切れない「あいまいさ」を引きずることで関係に変化が起こることがあります。そんな場面に立ち会えるといいですね。またそんな融通感覚を身につけたいものです。

知恵㊱ 子どもは親の〝装飾品〟ではない

※拙著『いい子を悩ます強迫性・パーソナリティ障害　全対応版Q＆A』を参照して下さい

37
嫌なことがあっても、子どもの前では、絶対に笑顔を作っていました。

人間関係の基本である家庭。そこには、さまざまな人間模様があります。透明でない、赤裸々な人間関係があります。言いたいことが言えて、そして許されるから、家庭はくつろげるのです。しっちゃかめっちゃかでも生きていけるのです。

ところが、「いつも、ニコニコの家庭が理想。ケンカもいがみ合いもない家庭が理想」と信じてしまう人がいます。確かに、ケンカよりも笑顔がいいでしょうが、無理に笑顔を作ってしまうところに問題があるのです。「いい家庭を演じる」といってもいいかもしれません。

きれいごとでしか物事が進まない家庭、そして人間関係。嫌な部分は見て見ないふりの人間関係。子どもにとっては純粋培養の家庭環境ですね。そんな毎日を繰り返していては、ケンカしても仲直りの方法がいつまでもわかりません。ケンカというものがどういうものかさえわからないかもしれません。

こうした環境で育つと、途中経過の「あいまいさ」「はっきりしない」状態に耐えられず、子どもはいつも白黒をつけたがり、融通をつけることがいけないことのように思いがちになります。良いか悪いかでしか判断しないのです。そして、悪いと思ったら絶対に相手を受けいれようとはしません。そういう極端な子になることが多いのです。

もちろん、子ども自身も勧善懲悪の世界ですから、あいまいさを自ら認めないので、やがて自身が窮屈な精神状態に陥ります。

偏屈でない限り大人は本音と建て前を使い分けします。家庭の笑顔が、窮屈だな、偽せ物だなと思っても、「しょうがないか」と納得できますが、子どもはそうはいかないのです。「しょうがない」ではなくて「それが人間関係なんだ」と思うようになるのです。するど絶対に人間関係を壊してはいけない、嫌なことがあっても、我慢して笑っていなくてはいけない、ケンカしたらもうおしまい……。ぎりぎりの精神状態で育つので、あいまいさが育たないのです。

人の心は、本来あいまいさでいっぱいですよね。その、あいまいさを打ち明けられると、安心できます。それが許されないと、家庭は子どもにとって、安心の場所ではなくなります。信用できない家族、と思うようになります。

いろいろな感情をもっていいんだ、何でも好きなこと言っていいんだ、とまずは思える家庭が、本当の「笑顔のある家庭」だと思います。

なぜＴＶの『サザエさん』や、映画の『男はつらいよ』の寅さんシリーズが長寿記録となるのか。それはその世界が、しっちゃかめっちゃかでも生き生きしているからです。あんなに上手に最後は「折り合う」ことができるとは思いませんが、あまりにも現実の人間関係が砂漠なので、オアシスとしてサザエさんや寅さんの世界に憧れていくのでしょうね。

こういう、本音の言えない「つくられた笑顔の家庭」に育つと、子どもは不思議な顔をして、こう言います。

「お母さん、お母さんはお父さんの〝通訳〟だね」

いくら家族とはいえいつもストレートに対話できるとは限りません。遠慮もあって当然です。しかし向き合うべきときは当事者同士が対等に話のできる家庭でありたいものです。

知恵㊲　ないから憧れる「サザエさん」「男はつらいよ」の世界

38 「いない　いない　バァ」をすると、子どもが笑うと信じこんでいたので、笑わないわが子が、憎らしく思えました。

この場合は、「いない　いない　バァ」ですが、同じパターンで悩んでいる母親は本当に多いのです。どういうことかというと、「立つのが人より遅い」「しゃべるのが遅い」「離乳食をなかなか食べない」「オムツがとれない」「挨拶ができない」……といった悩みです。

どうして悩むのかといえば、〝正常〟願望に巻き込まれ、「マニュアル通りの成長をしていないから」と思えてしまうからです。人より遅い、劣っている、この時期にはこれくらいできていないとおかしい、と信じ切っているので、母親としては、とても不安なのです。その不安が、いつしか可愛さ余っての「憎らしい」感情になってしまうのでしょう。

団塊の世代以降の親からこうした考えをもつ人が多くなってきたように思います。とくに高度経済成長による核家族化、地域コミュニティーの崩壊なども、きわめて重要な要因だと思います。

ここ20数年、お母さん、お父さん方の、高学歴は進み、いわゆる健全・発達思考が強くなっています。ですから、予定通り子どもが育っていかないと、不安になってしまうのでしょう。親の希望、期待する成長をしないわが子に腹が立って、最後には、「アンタは、母親の私を困らせるために生まれてきたの！」と、言いだす親さえいます。

こうなると、物心ついた子どもと親に「確執関係」が生まれたりします。思いやりの人間関係をとり結ぶことなどできません。しかも、力関係では親が絶対的に有利ですから、子どもは親の言葉や態度をそのまま鵜呑みにするしかないのです。屈折した物の考え方や気持ちが、子どもの心にドンドンたまってしまいます。

「対」の関係を意識できれば、理解しあうことに努力します。親と子は割り切れない二つで一セットの関係にあることを大切に思うことです。するとそれまでは見えなかった子どもの持ち味が分かってきます。十人十色と言います。いろいろな個性、成長があっていいのです。

†

マニュアル世代の母親のもとで成長した子どものひと言です。

「何でも予定通り進まないと気がすまない性格は、お母さん譲り。予定が狂うと不安でしょうがない。失敗するのも、きっと何かの原因があるから。それをとことん追求しないと落ち着けない。四角四面の、ゆとりのない性格と言われても、自分じゃどうしようもないんだ。そういう具合に育てられたんだから」

自分の思い通りにいかないと否定感をもってしまうのです。思い通りにならなかったことで、また意外な自分を見つけられたという親の経験を、少しずつ子どもに話せるといいですね。

知恵㊳ みんな違って、みんないい

39 呑み込みが悪く、親の思い通りにならないわが子を、ついつい叩いてしまいました。

子どもも幼い頃は、親の言うことを素直に聞いていますが、周囲の状況がわかり、自我に目覚めると、親の思い通りにはいかなくなります。ともすれば、世間並みの成長を期待するあまり、そういった自我や自己主張を「呑み込みが悪い」と、捉えてしまうことがあります。

呑み込みが悪いと思っているのは母親や父親のほうで、子どもはそれなりに自分なりに理解しようと努力しているものです。人より少し動作が鈍いかも知れません。理解が遅いかもしれません。でも、一生懸命なのです。人は「発達診断表」のようには育たないのです。

親にしてみれば、「世間並み」を気にするあまり、イライラしてしまうのかもしれません。「こんなこともできないの」「いつまで、そんなことやってるの」と悪気はないけど棘《とげ》のある言葉をつい子どもに投げかけがちです。これでは、子どもはたまったものではありません。一生懸命にやっているのに、いつも叱られる。そして、叩かれる。報われません。親も子に対するわが身の「無力さ」にさいなまされ、いたたまれず叩いたり、叱るのでしょう。だから時が過ぎると自責の念にうちひしがれるのです。考えたら、切ない話です。その子の苦しみと同居できないから、励ますつもりで叩いているんですね。このことを素直に受けとめてみたいのです。

母親の、自分に対する悔しさ、世間並みにできないことへの苛立ちを、子どもは敏感に感じ取っています。叱られるくやしさ、できない自分へのもどかしさ。元をただせば勉強ができないのも、いじめ返せないのも親の責任。そんな子どもに生んでくれと子は親に頼んだおぼえもないのに、誕生させられたわけです。そう思うと、親の責任を子どもが背負って生きているわけです。その子を叱る、殴る、となると「見捨てられ感」と「憎しみ」だけがつのります。本当に幼い子であれば「物言えぬつらさ」があります。

子どもは、最初、親の言う通りにできない自分を責めます。でも、どうしてもできない。責められてもダメだと、関係をあきらめていきます。母親はそれでもやれというし、ときに叩かれる。やがて、子どもは「オレは、お母さんの付属品じゃないんだぞ」と感じるようになると思います。親から叩かれることを我慢できるうちは、子どもはじっと耐えます。でも、体力がつき、母親、父親よりも力が強くなると、形勢は逆転します。

†

そのとき、子どもはこう言うのです。

「だから俺も、物わかりの悪い親をついつい殴ってしまうんだ」

自分勝手な考えに逃げ込まない親の姿を、親子関係以外のところで築いていくことが順番としては先ですね。

知恵㊴　ときに励ますことは子どもの苦しみから逃げること

40 手のかからない子どもであることに、何の疑問も持ちませんでした。

「いい子」は、親にとっては「宝もの」です。本当に子どもを生んで良かった、親になって「得」したと思いますよね。こんな子どもなら、何人いてもいいと思いますよね。何しろ、親としては、手が掛からず、手伝いもよくしてくれて、大助かり。楽させてもらっているのですから。

でも、いつしかそれが当たり前になってしまう。それが、子どもにとっての報われなさです。手伝いが当たり前、親の言うことを聞いて当たり前……。そうなると、逆に子どもとしては、当初は別に「いい子」になっているなどと思ってもいなかったのに、「いい子にさせられている」と、感じてくるのです。たまには、我がままも言いたい。甘えてみたい。でもそれを言うと、親はきっと自分に幻滅するかもしれない。嫌われるかもしれない。そんなふうに考えてしまうのですね。

子どもが親に遠慮する、そんなバカなと思われるかもしれませんが、手のかからない「いい子」は、そう思ってしまうのです。それくらい、相手のことを考えるから、「いい子」であり「手のかからない子」であり得るわけです。「手がかからない」のではなくて、親に「手をかけさせない」ように、子どもが努力しているのです。だから青年期に入って、子どもから「かまってもらえなかった」と言われても、親としてどうすることもできない心境になるのです。思わずそんなとき、「だったら、もっとお母さんに甘えてくれればよかったのに」と言ってしまうのです。これが感情の行き違いの出発となりがちです。生まれながらにして、手のかからない子どもがいるはずがありません。そこを、親御さんに考えてほしいのです。本来、子どもは手がかかるのです。「いい子」でいられることが「問題」と思ってみることも大切です。

「いつもありがとうね。お母さん、助かるよ。でも、たまには我がままを言ってよ。お母さんも〝親〟の努めもしたいから」「ありがとう。お母さん、お前にずいぶんと甘えているね」

そういう言葉ぐらいかけるようにしたいものです。お母さんは、お前の健気さに助けられているね。感謝しているよ」と、気持ちを伝えてほしいのです。「お母さんは、お前の健気さに助けられているね。感謝しているよ」と、気持ちを伝えてほしいのです。そうすれば、子どもは安心して、親子関係を豊かに広げていけるのです。ところで、紹介した言葉掛けはわかりやすく書いたものですからそのまま使わないで下さい、不自然ですから。あくまで〝オリジナル〟でお願いします。

†

子どもの心づかいを軽くみて、それを当たり前にしていくと、子どもはこんな言い方をしたくなります。

「いつまでも『いい子』のオレにあぐらをかくな」

かいているつもりはなくても子どもにはそのように感じるのです。だから「いい子」の親ほど子どもへのねぎらいの言葉が大切です。

知恵㊵　親への配慮にほとんど気づかずに過ごしてきたことを子どもにわびる

41 門限もなく、お小遣いも必要に応じてあげていました。いい親であろうと、心がけました。

子どもを自由に育てる、信頼と自主性のある子どもにする……。そういう意味合いがあるのだと思います。だから、子どもの「要求」には極力応えるようにしたのでしょうね。

子どもにとっては、これほどの自由はありません。理解のある親だと、子どもの友だちは、うらやましがるでしょう。「個性化時代」の理想的な親になろうとして、頑張っている姿が見えるようです。

でも、あえて言いたいのは、お小遣いの前に子どもの「ほしい気持ち」をしっかり理解し、本人に渡しているかが大切です。「門限をきめないといけない」状況になっているその子の気持ちをまず汲んでいることが重要です。結果は二の次です。それがないと互いの気持ちをわかりあうという営みが消えてしまうからです。

そのことを承知のうえで、次のことにふれていきたいと思います。子どもには金銭的な部分での「不自由」さは必要、ということです。というのはそれが、人間関係の折り合い、せめぎ合いを学ぶ大切な機会になるからです。

なんでも子どもの要求を受けいれる親だと、子どもは将来、逆に不自由な思いをしてしまうことになります。自由が当たり前と思うし、欲求は「努力」というプロセスを経なくても簡単に手に入るという錯覚を起こしかねないのです。日本国憲法にも「……基本的人権は、人類の多年にわたる自由獲得の努力の成果であって、これらの権利は、過去幾多の試錬に堪へ、現在及び将来の国民に対し、侵すことのできない永久の権利として信託されたものである」と明文化されていますが、自由とはあらゆる関係の中で折り合って得られるものなのです。不自由を了解しない自由はないのですね。

最近問題になっている「いきなり型」の少年犯罪も自己中心的な自由さから起こっているように思います。

さて、家庭は人間関係を学ぶ場です。折り合いを学び、せめぎ合いを体験する場です。

ですから、子どもがお小遣いが足りなくて、困っていてもしばらくは放っておいていいと思います。子どもなりに知恵を働かせ、どうすれば親を説得させられるか、どうすれば自分の要求を相手に汲んでもらえるかを考えます。このときは「いきなり」得られないわけですから、とりあえず関係を「引きずる」力をつけているわけです。折り合うには戸惑い、引きずる必要があるわけです。

それでも親からダメだと言われたとき、折り合いの方法をさらに探し出し、折衝し、せめぎ合いを体験するのです。こういう意味では、子どもの成長にとって、人間関係の学びの場としては、物わかりの悪いクセのある「悪い親」のほうが〝反面教師〟的には適任といえるかもしれませんね。そこでより多くの経験を、子どもも学べるからです。いわゆる「いい親」では、すんなり要求が通ってしまい、人間関係を学べません。ただ問答無用の態度はいけませんね。

子どもが成長して社会に出るようになれば、多くの人々と人間関係を結び、折り合いをつけ、せめぎ合っていかなくてはなりません。最初の関門として、親がその折り合いの付け方、せめぎ合いの方法を、日常体験から見せていくことです。モラル、ルールとしても大切なことです。門限やお小遣いの問題は、ちょうどいい人生の「練習問題」なのです。

†

こうしたことを学べなかった子どもは、こう言います。

「わがまま放題の自分は、小さい頃から、我慢することを学ばなかった。何でも親はかなえてくれた。自由にさせてくれた。いつしか、それが当たり前だと思っていた。でも、他の人と人間関係を作るうちに、それが我がままだと知ったけど、そのときは、どう対応したらよいのか分からなくて、カッとキレてしまった」

ほどよく漂う人間関係も「自由」であることの一つと、親子で実感できたらいいですね。

知恵41　不自由さを了解して自由を喜べる子育て

42 外から帰って来た子どもが、いろいろと話しかけてくるのですが、忙しくてちっとも聞いてあげられませんでした。

子どもが親にいろいろ話しかけたいのは、楽しいことを報告して、その思いを共有したいのでしょう。同時に、学校であった不安なことを親に語ることで、少しでも安心したい思いもあります。まさに『還る家』を求めているわけです。

どちらにしても、子どもはとりあえず聞いてもらった、という事実をもって、安心できるのです。そして、より気持ちを聴いてくれたかが、気になるわけです。ですから、親が言葉は聞いても気持ちを聴くことをないがしろにすると、子どもの不安はたまる一方です。

一分でもいいので、じっと、耳を傾けてください。どんなに、つまらない話だと思っても、しっかり聞く態度を示してください。

「忙しいから、また、あとでね」では、子どもの不安は解消できません。それに「あとで」の多くは忘れるものです。共有したい喜びやつらい話も聞いてもらえなかったら落胆に変わります。でも、時間に急かされているときがありますよね。そんなときは、

「ごめんね、途中になって。後からしっかり聞くから、忘れないでね。お母さんに話してね。食事の前でも、寝る前でもいいからね。お母さん、忙しいから忘れるかもしれないから、ちゃんと、教えてね」と言って少し余韻をおき、後ろ髪を引かれる思いを大切にして下さい。

子どもは、表現方法を考えるほど余裕が持てません。ですから、大人からすると、支離滅裂な話し方をするかもしれません。でも、語っているのは言葉ではなくて、気持ちなのです。心を語っているのです。そのことをわかってあげてほしいと思います。

子どもの話を、大人が理屈で理解し、「回答」を示しても、子どもはうれしくはありません。「そう、○○があって大変だったね」「いろいろあって、○○だったんだね」「○○だから○○と感じたのね」

と積極的に子どもの側に身をおいて、納得しなくてもいいので、共感していきましょう。そうすれば、子どもの緊張した心もほぐれます。話を聞いてもらえないと、子どもは本当に寂しがるものです。気持ちを拾い合う社会は、人間関係の豊かな社会になっていくと思います。

†

話を聞いてもらえずに、子ども時代を過ごした青年は、こう言いました。

「お母さんは、『お帰り』と、言ってくれたけど、そのあとの言葉はいつも『勉強は？ 塾は？ 宿題は？』だった。なんだか寂しかった。言いたいことといっぱいあったのに、なんにも言えなかった」

ちょっとしたやり取りの中にしみじみとした分かち合いのひとときをつくりたいですね。

知恵42 「おかえり」の後は余韻をもって聞き役になる

43 ふざけまわるわが子を、周囲への気兼ねもあって、叱ってしまったら、だんだんとおとなしい子になってしまいました。

一見、開放的に見えるひょうきんな子は、ふざけながらも人の目を気にしていろんなことを考えています。中には自発的にピエロになっている子もいます。ものには限度がありますし、世間体を考えて、「押さえつけなければならない」ときもあると思います。いやな言葉ですね。

例えばバスの中でふざける子がいて、そのとき親が「そんなことをやったらバスから降ろされちゃうよ」とか「運転手さんに怒られるよ」と言っていることがあります。一種の、脅しですね。子どもは、ふざけたい気持ちを抑えたまま、渋々「怒られるから」と、静かになります。でも、不満が心に残ります。

では、どうしたらいいのでしょうか。

その子はなぜいま、バスの中でふざけ回りたいのか？　楽しいのか？　なにか新しい発見があったのか？　そういう気持ちに寄り添うようにしたいものです。「バスの中って楽しいんだね」と、ひと言、言うだけで、子どもは安心します。

東北新幹線にのって同じような場面に遭遇しました。

幼稚園児が二〇人くらい、座席を占領していました。遠足かキャンプか何かですから、最初から楽しくてしょうがない。周りのお客様が、しかめ面しているのに、子どもたちは気がつきません。あたり前ですが。

周囲のお客様は、イライラしていたけど、誰が保護者なのか職員かわかりません。近くにいた引率者の人はもっと気になっていたのでしょう。そこで引率者の方は車掌さんに「すいません、やかましくて……」と言いました。

これも周囲への気兼ねからの行動です。でもお客様はそのひと言で笑顔になりました。すると子どもたちの声の大きさは変わらないのに、気にならなくなるのです。そのお客様の表情を見た子どもたちも素直におとなしくなっていたのです。

例えば、こんなことはありえないかもしれませんが、乗客の誰かがその引率の職員に「うるさいですね」と言ったとします。あるいは子どもたちに直接「もうちょっと静かにしてくれよ」と言ってもいいでしょう。そうすると関係が変わってくる。

ちょっと静かになるかもしれないけど、子どもたちの顔が引きつってきて、思わず「すいません、ちょっときつく言い過ぎました」と、かえって言った大人のほうが、子どもや引率者に対して小さくなってしまうかもしれませんね。

ですから、否定的な注意や説教である「うるさいね」よりも「楽しそうだね」と、子どもたちの心に入る言葉をかければ、子どもたちも楽です。そのゆとりが人の気持ちを汲みとることにもなります。

〝気兼ね〟するのは、しょうがないことです。気兼ねしながら、人間関係は成り立つことも多いのですから。でも、その場を品よく収めようとしすぎると、結局、人間関係を希薄にしてしまうような気がします。周囲に遠慮して、おとなしい子にしてしまうのではなく、関わり合いを恐れない子どもへと、導くことだと思うのです。

†

周囲に気兼ねばかりして、口封じをされてきたある子どもが、親に言いました。

「僕は本当はもっとおしゃべりだったんです。僕は無口じゃない。無口にさせられたんです。いつも怒られてね。僕は話すことにとても時間のかかる子どもになったんです」

話せないことで悩んでいる子どもに相談室で朗読をしたことがあります。すらすら読めます。でも対話になると無口です。気持ちが出る道を閉ざされたのです。閉ざす必要のない話題に心がけています。

知恵43　話したくなるような話題と、その気持ちの汲みとりを大切に

44 何でもできる聞き分けのいい明るい子と思い、いろいろな期待をかけ、いくつも習い事をさせてきました。

子どもは親の期待に応えようとします。「子どもは親の喜ぶ顔を見て成長する」と話してくれた少年もいました。でも、これは子どもにとっては、しんどいことです。そのしんどさを親が全然理解していないとしたら、子どもはつらいものです。私たちも自分の親とのことを思い出し、子ども心になって考えてみましょう。

親の目から見ると、聞き分けがよくて、明るくて、なんでもできてしまう子どもには欲が出ます。過剰な期待といってもいいと思います。親心で、その子の可能性をもっとのばしてあげたくなります。

しかも、その親の期待に、子どもは応える。さらに親心が働いて、習い事を二つ三つと増やしてしまう。

でも、勘違いしないでいただきたいのは、子どもは必ずしも楽しんで習い事に通っているわけではなくて、しんどいけど、親の期待に応えようと思って行っている場合もあるということです。そこの見極めが大事です。

だから、ときには「お母さん、すっかりなんでもできるおまえに浮かれすぎているね」などといった声かけが必要だと思います。「いい子」の心は見えにくいものです。聞き分けがいいし、できるし、明るい子ですから、意識でもしていないと親は自分好みの関心はあっても、その子そのものへの気がかりは希薄になっていくのです。それが普通ですよね。

ところが、出来の「いい子」が突然、「悪い子」になることがあります。

自分の出来がよくないと思ったり、挫折したときに親へ突然に反発をします。「困った子」になっても無視しないかどうかを確かめているのです。だから「いい子」をもった親は、「心の裏にそういう不安のある」ことをリスクとして常に背負っておく必要があります。もし陰になっていた不安の部分が現われたとしても、慌てないで、そのままの子どもを受け入れられればいいと思います。場当たり的な逃げ腰の「それでいいんだよ」ではなく、心の底からその子の苦しみを受けとめ「そのまんまのおまえでいいよ」「頑張っているおまえも好きだし、頑張れなくなったおまえも大好きだよ」と言ってほしいのです。

†

親の期待を一身に背負った、かつて「出来のいい子」が、こう言いました。

「子どもに過剰な期待を寄せるなよ。俺だって、疲れるんだから。やってるのはこの俺なんだぞ。少しは、子どもの苦労も考えてほしかった」

いくら親子は一心同体でも、親は子ではなく、子は親ではないのです。

知恵㊹　あわてず関わり続けたい「いい子」の陰の部分にも

45 集団生活に適応できないと困るので、自己主張の強いわが子を我がままだと思い、ずいぶんと抑えて育ててしまいました。

自己主張の強い子は一見すると「引かない子」です。引かないから「我がまま」と思われます。そして我がままで引かないから、集団生活では必ずといっていいほど誰かとぶつかってしまう。親としては、子どもの将来を考えて、なるべく自己主張の部分を押さえ込んでいったのですね。その結果「自分の感情を素直に出せない人間」にしてしまったというわけです。いつも自分の気持ちを出すのに躊躇する、引っ込み思案の性格ですね。出すと否定されると思ってしまったのですね。こういった子は、結局、絶対受け入れてくれる保証がないと何も言えなくなってしまいます。それと自己主張の強い子のなかには、コミュニケーションが上手くとれないという悩みをもった子もいます。ワンウェイコミュニケーションです。そして、引けないから「正しさ」で押し切ろうと、ときに攻撃的にもなるのです。

自己主張を生かしながら、集団生活を送るには、他人と折り合える術を身につければいいのですが、それはかなりむづかしい。ともすれば、自己主張の部分を押さえつけようとしてしまいがちですが、かえってこれでは逆効果になります。抑圧は、いつかは何倍ものパワーとなって跳ね返ってくるからです。

では、どうするか。あきらめないでなるべく間をおいて関わることです。そのためには、叱りつけたとしても言いっ放し、怒りっ放しにしないで、その揺れ動く感情にずっと付き合っていくことです。親やきょうだいが、その子と、とことん付き合う。そのことが嫌な集団生活にでもなじんでいく知恵をその子に付けさせます。集団生活に適応していくというのは、集団に合わせることとは違います。合わせると、抑圧になってしまいますから、かえって苦しくなります。仲間になじむ感覚を育てるのです。集団生活に適応するためには、はっきりしない、思い通りにいかないところをどれだけ引きずっていけるか。つまり、あいまいさに耐えられる子育てが必要になってくるのです。人間関係の輪のなかで漂う力は、そんな小さなつみ重ねから獲得できるのです。

†

気持ちを抑圧されて育てられてきた子どもは、とかくこう言います。

「ガマンしろ、といわれて今まできた。ガマンしても、人間関係がうまく行かないじゃないか。俺だけがなんで、ガマンしなくっちゃいけないんだ！　言いたいこと、たくさんあったんだぞ」

自己愛は大切です。でも他人にも自己愛があって大切にされたいと思っていることを確認していきたいですね。

知恵㊺　叱った後も揺れ動く感情に付き合う

46 下の子が生まれたら、急に聞き分けのいい子になり、小さくてもさすがにお姉ちゃんの自覚を持てるものだと感心し、喜んでばかりいました。

これは「いい子にあぐらをかく」の典型ですね。親に喜んでもらいたいと願って生きている子ども。しかし親は、子どものそんな切ない思いに気がつかなかった。子どもは報われませんよね。

「もっと甘えていいんだよ」「もっとわがままを言っていいんだよ」ということを自覚させてあげられればいいのですが、自覚していても同時に悔しさも、寂しさもたくさん持っています。その悔しさ、寂しさをちゃんと受けとめて、親御さん自身が言葉にできたかどうか？　それが大事ですね。

「寂しい思いをさせているね」

「おまえだって同じお母さんの子どもなんだよ。甘えてもいいんだよ」

そういうことを言えていればよかったですね。

「下の子が生まれたら、急に聞き分けがよくなった」というのは、本当に「いい子」ですね。親の意向がもうわかってしまったのでしょうね。逆に聞き分けが悪くなる場合もありますが、よくなったのですから、ものすごく親の気持ちがわかる子なのでしょう。

でも、実際その子は耐えているわけです。耐えられる間はいいのですが、耐えられなくなったら、大変です。ですから、その前にその子の心に近づいて、気持ちを出してもらう努力をする必要があります。その意味で、聞き分けの悪い子よりも注意しなければならないのが「いい子」だと思います。

子どもも物事が上手く運んでいるときは「耐えている」などとは思っていません。つまり、今が良いと過去もみんな良くなるのです。そして今が悪いと、どんなに過去に不満をもっていなくても報われなさを言いたくなるものです。だから「いい子」に対しては平穏無事な頃から「報われなさ」に焦点をあてて、ねぎらってほしいです。

†

いい子で育ったある子どもが、こう言いました。

「親が喜んでいると、自分も嬉しかった。でも、親は自分ばかり喜んで、私の寂しい気持ちを聞いてくれなかった」

これが「報われなさ」の思いです。親に喜びを〝プレゼント〟していたことを見落とさないでくださいね。

知恵46　受けとめた気持ちは言葉にして返そう

47 学校や家庭での出来事を根掘り、葉掘り、ちゃんと聞くことが親の責任だと思っていました。

報告を受けると安心する、そんな感覚で子育てしている母親、父親は大勢います。会社の役職で、家庭も見ているのです。職場の課長を家でもしているのです。なぜ安心するのか。それは、「聞いた」という事実があれば、「あとは任せた」と、責任を相手に押しやることができるからです。本当は、聞くだけではダメで、気持ちを推し量り、一緒に考え、悩むことが大切なのに、「聞いてハイおしまい」としてしまう合理的な親があまりにも多くなっています。

実際、子育てに関して、とりわけ「妻まかせ」のお父さんは、会社と同じで報告してもらい、知ることで楽になるのです。でもお母さんの立場から言えば、お父さんは家では課長ではないから、一緒に子育てを担ってほしい、一緒に悩んで相談にのってほしいと思っています。

たとえ参加できなくても、一緒に「ああ、そうなんだ」「こうなんだ」といたわりを心がけてほしいのです。稟議《りんぎ》書を回しているのとはわけが違うのです。これではいわゆる「ヒアリング」（聞く）で終わっているのです。「リスニング」が大切です。気持ちを「聴く」ということです。言葉を聞いているからといって、気持ちを聴いているとはいえないのです。学校のできごとを根掘り葉掘り聞くことで、子どもの日常生活を知る。それは手段であって、本当は、子どもの気持ちを聴いてあげることが目的です。父親ならば、母親に対する悩みを、そこから汲み取ってあげることだと思います。これが親として、夫婦としての関わる姿勢ではないでしょうか。

話が少し飛びますが、子どもとの接触がどうしても上手くいかない父親がいます。そしていくら子どもに近づこうとしても拒否されることがあります。そんなときは妻をいたわることへの努力をすすめています。子どもを一年間、胎内に宿して親になった母親と、父親では子育てに対する度胸が違うのです。子どもは母親を大切にする父親を「親」として認めるのです。

話を戻してもう一つ要点があります。それは、子どもはつらいことや悲しいことは「報告」のなかでは語れない、ということです。隠しておきたいのです。親に不安を与えたくないのですね。

そこを、しっかり把握しておかないと、親が根掘り葉掘り聞くことが、子どもを安心させるためではなく、親である自分がすっきりするために聞いていることになってしまいます。言質《げんち》を取るような聞き方は、親のすべき態度ではありません。

†

親に話を言わされたあげく、小言を聞かされて育った若者は、こう言いました。

「子どもってストレスが貯まりますよね。あれこれ言わされた上に気持ちは聴いてもらえない。根掘り葉掘り聞かれたあげく、『いい』とか『悪い』とか言われたらたまりませんよ」

いずれにしても親子の関係が「する側」と「される側」になっていないか見直して、ほどよく交替できるといいですね。

知恵㊼ 家は決裁や事情聴取の場ではなく、気持ちを交流しあう和《なご》みの空間

48 子どもは勉強と遊びが仕事と思っていましたから、家事の手伝いなど家の仕事は極力させませんでした。

多くの親は「勉強と遊び」という、二者択一方式で、こうした問題をとらえてしまうのでしょうね。この方は「勉強・遊び」と「家事」に分けているんですね。あるいは、世の中は白黒、善悪にわかれる、と思っているのかもしれません。

家族も分担制で、例えばお母さんは料理を作る人、お父さんはお金を稼ぐ人、おばあちゃんは留守番する人、子どもは勉強をする人……という具合です。なるほど、わかりやすいです。

その結果、自分のテリトリーはしっかりやるけど、他者のテリトリーには入らないし、やらない。それが当たり前だし、常識、というわけです。合理的といえば合理的です。会社組織のようです。でも、家は会社ではありません。あいまいさをもった、心をつなぐ場所なのです。

例えば、急に雨が降ってきて、干しておいた洗濯物が濡れつつあるとします。ところがテリトリー的に育てられた子どもは、その洗濯物をなかに入れることができないのです。「悪気」もありません。自分の仕事じゃないし、洗濯物を取り込まなくても、だれからも叱られることはないと思ってしまいます。いや、取り込んだことで、そのテリトリーに迷惑がかかると思いがちなのです。自分の責任さえしっかりやっていれば、安心できるのです。お互い様の世界は、とうてい理解できません。極端になると、本当に「透明な存在」の家族になります。関わり合いが、きわめて極端なのです。これでは溝は埋まりません。あいまいさのない、関わりなのです。

当然、家事してくれる人がいてこそ、働いてお金を入れてくれる人がいてこそ、といった家族同士のつながり、やりとりが大切です。そういうことを抜きにしたら家族の成立さえわかりません。だから「自分は生かされて生きている」ことも理解できないのです。きっと、みんなつながっている、決して人は孤立した無縁の存在ではない、ということがわからないと思います。

もしかしたらこの家は、お母さんもお父さんの仕事について語ろうとしないし、聞こうともしない。お父さんも自分の仕事を家庭に持ち込まないし、自分から語ろうともしていないのでしょう。もし尋ねようとしても「おまえにはどうせわからないんだから、黙っていろ」って言われてしまうのでしょうね。そうでいながらときどき不思議なことを言うことがあります。ＴＶで自分の会社のＣＭをやっていると、子どもを呼びつけて言うのです。「あれが新製品だ」とか言って。

†

ある子がこう言っていました。

「お父さんは確かにＪ社に勤めています。お父さんの会社でＢという商品を作っているのは知っています。でもお父さんがどこの職場にいて、どんな立場で、どのような仕事をして、苦労はなんなのか全然知らないんです」

知らなくても事は進みますが、親の喜怒哀楽を背中から感じ取る事は難しくなりますね。

知恵㊽　人は孤立した無縁な存在ではない、ということを親自身が行動化していこう

49 どんなことがあっても、ケンカはするなと教えていました。ケンカをすれば両方が傷つくと教えました。

こういうふうに言ってしまうと、子どもはケンカをするのが怖くなってしまうのでしょうね。ケンカをするのが怖いということは、人と触れ合えなくなることです。

「何で友だちができないんだ」「何で気軽に働けないんだ」と親から言われたとします。そのとき「人と一緒に働いたらケンカするかもしれないだろう」「人と近づくことは傷つく可能性があるんだ」と、こう答えるようになります。傷つかないために人に近づかないのは、結局、人からも癒されることはないのです。とはいうものの、子どもに「ケンカしろ」とは言えませんよね。親なら「どんなことがあってもケンカをするな」と、まず言います。ただ、なんとなく元気がない子だと「ケンカの一つぐらいしてこい」と発破をかける父親はいます。

とにかく大切なのは、「ケンカして仲直りするんだよ」ということを身をもって体験的にかいま見せていけばいいと思います。分かりあうためには「ケンカ」もするということです。

少し極端な言い方かもしれませんが、ケンカをしないと人間関係は深まりません。ケンカにもいろいろあるでしょうが、相手に自分のことを理解してほしいとの思いが、ついついケンカの形となって現われることも割合多いと思います。

ケンカは相手と自分の意見の相違ですよね。口ゲンカなどは、その典型です。最後は理屈ではなく、感情でケンカします。つまり、気持ちをぶつけ合うのです。そのとき、相手の本音が見え、気持ちを理解します。気持ちでケンカして、気持ちで仲直りですね。

ケンカすれば、すべて人間関係が深まるとは言えませんが、でも、人間関係の基本的な部分だと思うのです。「ケンカをすれば両方傷つく」ということは、子どもに傷つくことを恐れさせているのです。生まれてから死ぬまでの間に、一度も傷ついたことのない人なんていないわけですから。だから「ケンカして仲直りすること」を奨励するのがいいですね。また、ケンカを恐れない子を育てること。ケンカして仲直りすることが、人間の信頼感につながるのです。家庭でも実践できるといいですね。

「ケンカしても仲直り」できる術を身につけたら加害者、被害者という関係も消えていきます。

†

ケンカもしないで育った、若者がこう言いました。

「強い人から、きつく言われると、萎縮して、すぐに謝ってしまう。自分が悪くないのに、先に謝ればケンカにならないから。でも、弱そうな人には先にきついことを言います。言われる前に言ったほうが傷つかないからです。自分でも嫌な性格だと思います」

人は生きるために色々な人間関係の術を身につけていきます。ただその根底には人を信頼するということが欠けてはいけないと思います。

知恵㊾　傷つくリスクを背負ってこそ癒される

50 子どもは「天真爛漫」な存在と思っていたので、笑顔のないことがいつも悩みでした。

これは「子どもは天真爛漫なものだ」との決めつけですね。笑って、元気で、友だち付きあいがよくて、近所でも評判……それが、子どもの姿、と思っているのかもしれません。それは、お母さんが勝手に描いた「理想の子ども像」です。世間に気を取られ過ぎているのかもしれませんね。

ただこのような傾向は「発達障害」の理解とともに、「うちの子は発達が遅いのでは」といった不安を親に与えている感じもします。「その子どもにあった教育」が一方で画一的な「しあわせ」観をつくり出していることがありそうです。

実際には、いろいろな子どもがいます。頭では、そういうことがわかっているのでしょうが、いざ、自分の子どもを前にしたときに、「理想の子であってほしい」との思いが強くでて、悩みになっているのでしょうか。

子どもにも喋りたくないときだってあるし、笑いたくないときだってあります。なのに悩みになるのは、その子のその状況を受けいれていないからです。子どもにだっていろいろな子がいるわけで、例えば家の中で絵本を読んでいるのが好きな子どもだっているわけです。そして絵本を読みながらニコニコしているのが、その子の天真爛漫さなわけです。

天真爛漫というのは人によって違います。

だからその子についても、笑顔がない点にこだわるよりも、その子が何に心がワクワクドキドキするのかを、発見できたらいいと思います。そしてそこを肯定してあげる、一緒に喜んであげる、一緒に笑ってみる、一緒にドキドキしてみる……。明るい子だけがいいわけではありません。明るい子どもばかりの世界はちょっと不思議すぎますね。

そういう表面的なものにとらわれないで、もうちょっとその子の心の奥の部分で、ワクワクドキドキしていければいいのです。その世界を広げていけばいいのです。逆に言えば、自分の中にワクワクドキドキがないのに、お母さんや友だちに合わせて、天真爛漫に振る舞っている子どものほうが問題は深いと思います。

「笑顔がない」というのがその子の本当の姿です。まずはそれを丸ごと肯定することから出発しましょう。その上で、その子が何に喜んでいるのか、何に関心があるのか、というところで寄り添っていければいいと思います。

そもそも笑顔がないのがその子であって、表情に笑顔がないからといって心にまで笑顔がないとは限りません。目に見えるもの、耳に聞こえてくるものだけが真実ではない、目に見えないもの、耳に聞こえてこないものに意外と真実がある……そういう見方が大切ですね。

†

あるおとなしい子が、こう言いました。

「子どもらしくない、といわれ続けた。何が子どもらしいのかわからなかった。子どもの自分が、子どもらしくないと言われても、どうすることもできなかった。どんどん、悲しくなった」

親から「困った子」と言われる子ども。でもその子から見たら、その親こそ「困った親」です。まずは存在そのものを肯定することです。

知恵50 世間一般の「しあわせ」観に子どもを当てはめていませんか

補足

神戸連続児童殺傷事件
「家裁審判決定」一部抜粋

「人を殺してみたかった」と、佐世保の女子高生殺人事件、そして名古屋女子大生による殺人事件、そして川崎中一殺害事件。さらには千葉県船橋市で起きた少年たちによる少女監禁事件。そうした事件の根底にある子どもたちの心をどう見ていけばいいのか。その手がかりが、いわゆる神戸事件にあるように思います。

事件は平成九年に起きましたが、神戸家裁が公表した処分決定要旨全文から「少年の生育歴と本件非行に至る心理的背景」を新聞報道から一部抜粋したいと思います。これが端的に本著の趣旨を言い得ていると思うからです。

また、少年が自分自身の存在を「透明な存在」と否定的に表現した言葉は、当時の中学生だけでなく、今も思春期の子どもたちの心を言い当てていると思います。自分や他人の「いのち」の働きが見えてこない人間関係の希薄化は深刻です。

＊　＊

少年は、長男として出生し、少年の両親や家族から期待されて、その後生まれた弟たちと比較して、厳しくしつけられて成長した。そのため、少年は次第に、両親、とりわけ母親に対して自己の感情を素直に出さなくなっていった。

少年が小学五年のとき、少年らと同居していた祖母が亡くなった。祖母は、厳しいしつけを受けていた少年を時にはかばってくれ、少年は祖母の部屋に逃げ込んだりしていた。この祖母の死とのつながりは不明であるが、このころからなめくじやカエルの解剖が始まった。そして、その傾向は進み、小学校六年のころは猫を捕まえて解剖するようになった。

しかし、中学一年に進学すると、部活動や両親の定めた門限などで時間的余裕がなくなり、猫を捕らえて解剖することもできなくなり、そのころには、少年の猫殺しの欲動が人に対する攻撃衝動に発展していたが、現実に人を攻撃すれば罰せられるため、その後二年近くは殺人の空想にふけることによって性衝動は空想の中で解消され、抑えられていた。

しかし次第に、現実に人を殺したいとの欲動が膨らんできて、少年は学校に通ってはいたものの、学習意欲がうせ、教師に心を開かず、友達と遊ぶこともなく、タンク山で一人で遊び、自宅でも一人で昼間からカーテンを閉めて薄暗くして過ごし、雨の日を好み、殺人妄想にさいなまれていた。このような状況にあって、少年の母親には少年の気持ちを理解することはできなくなっていた。

少年は、自分は他人と違って異常であると落ち込み、生まれてこなければ良かった、自分の人生は無価値だと思ったが、この世は弱肉強食の世界であり、自分が強者なら弱者を殺し、支配することができる、などという自己の殺人衝動を正当化する独善的理屈を作りあげていった。

このような心理的状況を背景に二月の非行（小六女児にショックハンマーで左後頭部を一回殴打／加療約一週間）が偶発的に行われ、次いで三月の非行（小四女児に未必の殺意をもって鉄のハンマーでその頭部を殴打／頭蓋粉砕骨折を伴う高度の脳挫傷により死亡）が、人間の壊れやすさを試すために実行され、ついに五月の非行（小六男児を窒息により殺害し、頭部と胴体部分とに切断し、その頭部を中学校正門前に投棄）に及んだ。

少年は、表面上、現在でも自己の非行を正当化していて、反省の言葉を述べない。しかし、少年鑑別所の中で恐ろしい夢を見たり、被害者の魂が少年の中に入り込んで来たと述べるなど、心の深層においては良心の芽生えが始まっているように思われる。

少年は、自己の生を無意味であると思っており、また良心が目覚めてくれれば、自己の犯した非行の重大さ、残虐性に直面し、いつでも自殺のおそれがある。

いつの日か、少年が更生し、被害者・被害者の遺族に心からわびる日の来ることを祈っている。

（一九九七年十月十七日　神戸家庭裁判所発表の処分決定要旨より一部抜粋）

＊　＊

少年が誕生してから事件を起こし医療少年院に送致されるに至る〝心の闇〟がよく伝わってきます。そして、よく言われる猟奇的犯行は、決して特別な境遇の中で育てられてきた子どもだけに起こることではない、ということも本書をお読みになられた方にはお分かりいただけると思います。

鑑定人によると、両親に「待ち望まれて生まれた」少年だったが、一歳までに母子一体の関係の時期が足りなかったようです。そして弟たちと「比較して厳しくしつけられて成長」したということです。どこの家にもある子育てです。しかし少年は、胎内での結びつきをもつ母親に「自己の感情」を素直に出せない状況に変わっていったのです。少年には「けっして親に甘えない、遊びに熱中できない、しつこい弟苛め」等の人格形成があったようです。この変化に父親や母親自身は気づかなかったのでしょうか。そんな問題も残ります。

ところが、そこに祖母の存在があったのでしょう。祖母を「還《かえ》る家」にして、そこだけには自分を必要としてくれる心の居場所があり、自己肯定感もかろうじて保てたのではないでしょうか。

幼稚園年中組の頃は「明るくひょうきん者で、お人よしで大変我慢強い」子で、さらに年長になると「明るく理解力がある」子になります。「親の躾が表面上、最も功を奏していた時期」だったようです。小学生になると「同居の祖母は、そんなに厳しく叱り過ぎると子が萎縮するとして、母の躾の仕方に反対であり、母と祖母はしょっちゅう少年の前で言い争いをしていた」という。少年の唯一の良き思い出は「幼稚園の頃、祖母の背に負われて目をつぶり暖かさを全身で感覚している」ことだったようです。

そして小五のとき、祖母が亡くなり「放心状態」となりました。するとなめくじ、カエル、猫の解剖が始まります。さらに「ヒットラーの『我が闘争』を読み、ヒットラーが情け容赦なく自分の道を進んだことに心酔した」そうです。自殺念慮《ねんりょ》が他殺に心が動くように「命」あるものに対する支配・万能観を食いとめる家族関係が祖母の死を機縁に生まれなかったことが残念です。

小六のときに一回だけ先生の前で少年は「何をするかわからん。このままでは人を殺してしまいそうや。お母ちゃんに泣かれるのが一番つらい。お母ちゃんは僕のことを変わっていると思っている」と泣きじゃくったことがあったようです。

小六になると「性衝動と動物殺しとの関係を自覚し、皆も同じだと思って友達に話したが、君は変だと言われた。このように自分に対して嫌悪感を覚えるようになり、殺しをする自分に対し酒鬼薔薇聖斗という名前を付けて切り離したら一時的に気持ちが楽になった」そうです。

中一になると少年の表面的な言動は、門限なども守り「時間的余裕」がなくなり解剖することもない「いい子」だったようです。母親に「過度の干渉を止め」るように提案していた学校も、そして親も「よく成長した」と評価していたそうです。まさかそれから二年近くも殺人の空想にふけっていたとは、両親のみならず誰も気づかなかったのでしょうか。ただ、私の面接でも親の知らない中で「グロ」のＤＶＤを見て性衝動を解消している子どもや若者はいるものです。

殺人妄想にさいなまれている少年に、母親は中二あたりから気づいていたようですが、少年が「何もない」と言うのでそれ以上尋ねることはなかったようです。しかし、わが子がそのような心的世界に入り込んでいることを認めたくないのが母親の心情です。だから少年の気持ちを汲み取ることができなかったのでしょう。

少年は誰からも相手にされない、かまってもらえい孤独感をつのらせていきます。差別を受けてきた人が差別をすることに戸惑いがなくなることがあります。「独善的理屈」で正当化したりします。ただこれも、人間関係があれば食い止められるものです。それだけ「透明な存在」という言葉がより心の深刻さを伝えてきます。

かまってほしい、それは子どもだけでなく人の切なる願いです。その願いが「ちょっかい」「からかい」になり「いじめ」になり「暴力」「加害者」へと変わっていったのです。

二月の非行は偶発的に行われていたのです。この段階にあって家庭、学校からも一歩踏み込む人間関係が少年にはなかったことが悔やまれます。

鑑定人によると、少年は「非行時、現在ともに顕在性の精神病状態にはなく、意識清明であり、年齢相応の知的判断能力が存在している」が、「良心が目覚めていくとすれば」それを切っ掛けに「重篤な精神障害」になる可能性があるとして、人間性回復へのカウンセリング等を行ったのです。少年は犯行時の四月にこれまで生きてきた期間を『懲役13年』と表現した手記を書いています。その結びの一部です。「人の世の旅路の半ば、ふと気づくと、俺は真っ直ぐな道を見失い、暗い森に迷い込んでいた」。

そして少年は今、社会復帰していますが、遺族の意志に反し「元少年A」の名で手記を出版しベストセラーとなりました。「自分の過去と対峙し、切り結び、それを書くことが僕に残された唯一の自己救済」と語っています。孤立感からつくりあげた「独りよがり」の世界。抜け出すにはまだまだ先のようです。少年は生い立ちの中から、くせとこだわりの人格形成をすることで生きのびてこられたのです。その生きるうえでの「障害」となっているくせとこだわりは、他者の悲しみや痛みに心を寄せる働きを身につけ、人とつながることでしか溶かすことはできないのです。

神戸事件の後、あるお母さんが、私の講演を聞いたあとに、こんな手紙を書いて寄せてくれました。

＊　＊

はじめまして。私は三人の娘を持つ母です。

神戸連続児童殺傷事件以来、その事件の猟奇的犯行の恐ろしさ以上に、犯人の少年が語る母親像と私に酷似《こくじ》している点が多々あることに、非常にショックを受けました。

私は、三人とも実の娘でありながら、小二の二女にだけ愛情がもてず、いじわるや、数々の傷つける言葉をなげかけたり、暴力を振るったりしてしまうのです。

親子は、お互いを映し合う鏡のようなものなので、私の態度のせいで、次女がそのようになったのかもしれないのですが。

二女に何かを聞くと、すぐ固まってしまって、返事をしない。答えるまで同じ質問を十回、二十回と重ねて聞いているうちに、泣くような質問でもないのにギャーギャーと泣きわめく。私は、しまいにイライラがつのり、ひっぱたく。自分にとって都合が悪いことは、必ずといっていいほど隠し、すぐバレるようなうそをつく。

何回、同じことを注意しても、忘れ物や、なくしものが絶えない。物をすぐ壊す。自分の周りが片付けられない。動作がものすごくにぶい。言わなければ何事もやらない。

長女（十三歳）や三女（五歳）と違って、改めようという意識がまったく認められない二女に腹がたってしょうがない。

「ボケ！　カス！　マヌケ！　ブタ！　デブ！　うそつき！　そんなバカなら死んじまえ！　大きらいだ！　お前なんか生まれてこなければよかったんだ！」

こんな言葉さえも、ぶつけてしまう日常。私が子どもの立場だったら、どんなにショックか、わかりきっていることなのに……。

『文芸春秋』（三月特別号）に載っていた少年の供述調書の写しを読みました。生まれたときは、みんな純真無垢で天使のような子どもが、これほどまでに冷え切った心をもってしまうのか、いや、冷え切った心にされてしまうのか。

その環境、特に子どもの一番近くにいる母親の大きさを考えると、将来、自分の娘も冷え切った心を持ってしまうのではないかと不安でなりません。

富田先生の講演会は、おととしと昨年、一回ずつ、自分の子育てにむちうたれるような想いで、聞かせていただきました。

いくらすばらしい講演会を聞いても、ためになる本を読んでも、様々な事件によって親の在り方をぶつけられても、二女に同じような態度を取ってしまう葛藤の毎日、自分がいやになってしまいます。―（中略）―

中島みゆきが歌う『命の別名』という歌詞を聞くたびに涙してしまいます。ことに一番の歌詞で「僕がいることを喜ぶ人がどこかにいてほしい……」というところ、胸にささります。

自分が悪いとわかっていながら、いつまでも直せないバカな母親の胸の内を長々と書いてしまって申しわけありませんでした。

これからは、子どもの還る場所を奪う母親にならぬよう、努力するつもりです。さようなら。講演会、また聞きに行きます。

＊　＊

加害者少年や「透明な存在」的な訴えをする子どもや若者の相談を受けて思うことは、子どもだけでなく親も「あなたが必要」というメッセージをどこからも得ていないことです。そしてこの自己否定感と反社会的感情の苦しみを、静かに聴いてくれる人を探しているのです。

第2章

〝親殺し〟が少年の心に生まれる理由

〝親殺し〟は「つながり方」を踏み間違えた「家族回帰」への願い

加害者の少年や「透明な存在」の心に思いを馳せると、そこに精神的に「親殺し」が先にあったのではないかと思われる相談と出会います。しがらみの代表格でもある親子関係は上手くいっているときは単純ですが、無頓着になると複雑になります。だから人間関係の希薄化の中で唯一の肯定的関係の砦《とりで》である親や家族への思いがつのり「親殺し」の心も起きているのです。

・〝親殺し〟と無縁でいられる人は一人もいない

親子相談の現場にいると、例えば、子どもの家庭内暴力が高じて〝親殺し〟一歩手前にまでになる現実は決して珍しいことではありません。また、気持ち的に〝親殺し〟を口にする子どもや若者は一人や二人ではないのです。

ご多分に漏れず、私も中学時代には折り合いの悪かった父親を「殺したい」と口にしたこともあります。打ち明けられるカウンセラーもいない時代だったので、友だちとそんな気持ちをぶつけ合うことで仲間意識を高めたものです。そして気持ちをもっているのは自分だけではないという安心感が得られたりしました。やはり、こんな時は友だちの数が多ければ多いほど人は心の悩みに強くなれると思えたりします。苦しい現実に変わりはなくても笑って話すことができるのです。そのおかげで〝ガス抜き〟ができ〝境界線〟を越えることはありませんでした。

そして「殺したい」ほど関心があるということに気がついたとき、それが親に自分の存在を丸ごと肯定されたいという願いから起きていることが分かるのです。それは同時に、親を肯定できないという苦しみです。子どもは親を肯定できないと自分を肯定できないのです。余談めいた話ですが、両親との三人暮らしだった私は、幾度となく繰り返される父親の暴力的夫婦ゲンカを目の当たりにして育ってきました。劣勢の母親をかばうときの私は、実行の〝勇気〟は別にして、いつも〝父親殺し〟を心に秘めていた気もします。

そんなこともあってか、父親を〝見限り〟母親を〝置き去り〟にして、中学卒業と同時に家を出ました。そして27歳で私は世帯主となり、両親を故郷から私の住む現住所に誘って同居しました。本当は置き去りにした母親だけを呼びたかったのですが、故郷を出て十数年も経つと、父親への恨みもやわらいでいたのです。会わぬが仏です。それに、離婚もせず夫婦を続けている二人を離れ離れにすることは、息子としてできません。ところがその同居した初日に、私は老いた父親に向かって直接的に〝父親殺し〟の感情をぶつけてしまいました。

母親が父親と私の間に割って入ってくれたおかげで、最悪の事態は回避できました。私は27歳まで父親の前ではいわゆるおとなしい「いい子」であっただけに、たまりにたまった不快感は顔を合わすと再び憎悪となり、誤解も含めて〝親殺し〟一歩手前の修羅場になりました。

妻子は入院中でその場にはいませんでした。それだけに、私たち親子三人で乗り越えたその〝家族危機〟は、時を重ねる中で、語りにくいものですが、尊い親子関係の〝原風景〟となっています。本当に親子とは不思議な関係です。私はこのことでそれまでに聞いたこともない父親の生い立ち、人格形成を直接に耳にするようになり、父親を肯定できるようになりました。ただそこには、孫二人の子育てに協力してくれた父親の働きもあったと思います。

相談場面だけでなく私的な体験から考えたとき、殺傷が〝事件〟にまでは至らなくても〝事故〟あるいは〝親子の揉め事〟で済んだとしても、そこには〝犯行動機〟と変わらぬ親を肯定できない理由《わけ》があると私には思えます。だから私たちは加害者となった少年が精神鑑定で「明らかな精神疾患があり、刑事責任能力はない」と認められると「やっぱりね」といった感じで〝特殊な家庭の特殊な事件〟としてワイドショー的に他人事にしがちですが、それでは犯行にまで追い詰められた少年の悲しみは報われないし、私たちへの教訓にもならないと思います。

もう二十年以上前になりますが、兵庫県で著名な棋士が中学生（十三歳）の息子に殺害されたことがあります。そのとき、息子は父親の遺体を前にして「僕には逃げ場がない。あんなに叱られては僕の立場がない」と叫んでいたといいます。父親の何らかの強迫的な子育てのストレスが、息子にとっては〝善玉〟ではなく〝悪玉〟のストレスとなって衝動的行動を起こさせたのでしょう。そのとき父と子に〝危機介入〟してくれる人の存在や、いったん離れて不安を鎮めてくれる工夫の取れなかったことが悔やまれます。

親子関係がある限り「離れていれば恋しくて、近づきすぎるとうっとうしい」心情をていねいに見ていく努力が私たち大人には必要です。〝親殺し〟というテーマもセンセーショナルな一過性の〝流行〟に惑わされることなく、子どもがいる、いないにはまったく関係のない子育て問題という当事者意識で向き合いたいものです。なぜなら、この世に子どものいない人はいても、親のいない人は一人もいないからです。その意味で、すべての人に親子関係があり、境遇によってはいつ巡ってくるかもしれない親を肯定できないという〝親殺し〟の気持ちと無縁でいられないのです。

・殺意の前には必ず自殺念慮が……

司法の場ではない、地域の誰にでも開かれた私たちの相談室においての話ですが、〝親殺し〟を口にする少年や成人はいても、面接継続中に臨界点を越えて親を殺傷した、という事実はありません。むしろ「思い余った」親が子を「殺そう」と〝未遂〟することのほうが散見できます。いずれにしても、私の相談室を訪れる親子にとって〝親殺し〟〝子殺し〟は身近な苦悩ではあるが、現実には臨界点をこえることなく踏みとどまっているのです。

それはきっと、親と子が相談室という空間でスタッフや同じ苦悩を背負う人々と「つながる」ことで、ひとまず「心の居場所」を継続的に維持できているからではないでしょうか。面接、ワークショップ、講座参加、イベントづくり、フリースペースといった多様な関わりを通して、一瞬とはいえ世間の孤立から抜け出すことができているのです。

だから、崩壊する家族・親子への援助とは、周りの人が「つながり」のメッセージを地域で孤立する親子、家族に発信していくことです。

ただ、密室化する日常に再び戻れば、親と子が互いに事件一歩手前の厳しい〝対立〟を重ねることがあります。だが、孤立しない「心の居場所」さえあれば、そこで見つけた一瞬の安らぎが勇気となって、新たな家族再生に向け、親子が共に分かち合いの一歩を踏み出していけるように思えます。

このような親子の営みを垣間見ていると、犯行を擁護するつもりはありませんが、〝親殺し〟とは「どんな家族関係を築こうとしているのか」という家族の有り様を子が問いかけ、いったん関係をリセットした〝はじめの一歩〟に思えてくるのです。すると〝親〟というだけではなく〝家族殺し〟という見方も出てきます。

それだけに、犯行一歩手前でもいいから、子どもが家族に願う真意に心を寄せたいものです。その気持ちが家族再生であるならば、子が親と、親が子と「つながる」術《すべ》がわからず犯行になったというわけです。切ないです。家族だからこそ素直に「甘えたい」が、それができない。そのもどかしさが衝動性を誘発しているのではないでしょうか。

少年たちによる〝親殺し〟が珍しくなく、裾野が広がり、なおかつ猟奇的になっているとしたら、それはこれまであまり子どもが考え込む必要もなかった「なぜ、人はわざわざ親子になるのか、家族を形成するのか」という素朴な「つながり」への疑問が無視できなくなってきているからではないでしょうか。

その思いは相談室を訪れる子だけでなく「親に捨てられた、無視された」という言葉をこぼす小・中・高校生対象の講演後のアンケートからもみえてきます。そして、その〝見捨てられ感〟が子どもたちの心に蔓延し、襲われる不安によっては「かまってほしい」という親への願いを強く生み、年齢的には想像できない行動になったりするのです。

このコミュニケーション不全の状態は、親や周りの大人の無理解、無頓着さによって衝動性を強め、奇異なる行為にもなっています。だから、猟奇的犯行は「つながり」の現実感を喪失した空想的な家族との一体感に私には思えます。

また、「つながり」への疑問が深くなり「透明な存在」になればなるほど、そこでは「自分は何のために、誰のために生まれてきたのか」という、まるで哲学者のような苦悩まで抱えているのです。

自己と向き合うことは人の成長にとってとても大切なことですが、小・中・高校生時代を生きている子どもたちには、その考えている時間は友だちと群れている時間に費やしてほしいものです。「小さな哲学者」がもてはやされたり、小学生のうつや自殺の低年齢化が新聞報道されるような子どもたちの人間関係は「つながり」の希薄化ゆえとも思えます。

それだけに、現代っ子が家族に寄せる思いは「あこがれ」的といえるほど強く、こだわりもあります。友だちとつながることは難しくても、家族、とくに親とつながっていたいのが子どもの本来の心です。それがこれまで以上に強くなっているのです。

「つながり」を家族と実感できない子どもの心は空しさとなり、自殺念慮をもつまでになります。しかし、空しさをひっくり返せば、他者の気持ちを察してつながっていくことをいっさい無視するエゴの肥大化です。弱者への支配、攻撃は他殺の正当化にもなります。私の相談室で、祖父母や兄弟までも含めた〝家族殺し〟を口にする若者の多くは、これまでに何度も自殺念慮の闇をさまよっていきました。自殺と他殺はいつでも反転する「つながり」への失望感です。

自分のふれあい願望が相手の気持ちを無視した暴力へと変わっていくいじめ、そして増え続ける自殺とその低年齢化、また、繰り返される少年犯罪。これら子どもを取り巻く〝病理〟は「つながり」の未熟さであり、その基本的学びの場は家庭にあったはずです。だから、相談室に訪れる〝親殺し〟一歩手前の若者は、家族と自分との関係にふれあいがなく、引きこもりからコミュニケーション不全になった思春期の日々を、何度も何度も恨みがましく語り続けるのです。

また、その〝親殺し〟の殺意は「つながり」の基礎ともなる家族への失望にあります。それは〝家族幻想〟を生み、独り善がり的に他の家族まで恨み、状況によっては行きずりの仲の良い家族、親子を見るとムシャクシャして衝動的行動に出てしまう危うさを抱えているのです。

・親の「私事化」が子どもの孤立感を増幅させる

〝親殺し〟の殺意を子どもの家族関係に向けてのリセットとみていくと、そこには親の社会的地位や学歴、経済力といったことでの差は見えません。親が地元の名士であろうと無職であろうと、両親の結婚、離婚のいずれでも起こっています。

ただ、少年事件や相談室で〝親殺し〟を口にする若者の生い立ちの「複雑」さには何か共通項があるように思います。

「複雑」とは、家族一人ひとりが家族の一員としてはバラバラで、つながっていないことです。特に親が家族外につながりの場を求め、また、そこに多くの生活の時間を費やしているのです。そのために、子どもは幼いころから精神的に手の届くはずの「家族」を「単純」に理解できないで育っているのです。〝親殺し〟の被害者となっている親のほとんどは、高度経済成長期のなかで物質的豊かさの次に、「私事化」優先の価値観を家庭内に取り込み、それを個性、自由と謳歌してきた団塊の世代あたりからの人です。

一方で、わが子には勉強、学力という画一的な価値観を押しつけ、子どもの親と一緒にいたいという「我がまま」には仕事を言い訳にして、ほとんど耳を傾けることはなかったのです。その言い訳を物を買ってあげることで正当化もしていた親もいます。また、子育ての〝外注・委託化〟は、〝子育ての社会化〟とともに経済優先で急速に進み、子どもたちの生活環境を変えました。

すると、子どもにとって親の思いとつながる時間や生活空間は限られてきます。子どもたちは担任の保育士を思わず「ママ」と呼んでみたくなり、「お父さんはサラリーマンの前に僕の父親だ」とは「単純」に思えなくなっているのです。

「父がいて、母がいて、私がいる」という〝ルーツ〟を〝赤ちゃん返り〟の〝駄々っ子〟で確認しつつも、親の私事化のなかで、子宮・家族回帰への期待は裏切られていくのです。子どもの自分が心の危機を迎えたとき、親に素直に甘えられなかったのは、この失望感の積み重ねから起こってくる心の葛藤です。「甘える勇気」は「信じる勇気」であり、それが相手の気持ちを察して「つながる」術です。この術を幼児期に「単純」に身につけないと、「複雑」な心をいつも抱えて人間関係を見ていく悲しさを持ってしまうのです。「複雑」になっても「単純」な関係に〝回帰〟できないもどかしさです。

かりに、子どもにとって親を中心にして築く「家族」に「甘える」ことができず、関係をあきらめていたとしても、思春期で迎える友だちや周りの大人との複雑な人間関係から生まれるストレスを〝悪玉〟から〝善玉〟に変える場はやっぱり家庭であり、親子関係です。だから、子どもにとって思春期にはあきらめてもあきらめきれない〝家族回帰〟が、親の想像を超えて湧き起こってくるのです。

見渡す限り、どの子どもも間違いなく「家庭崩壊」を背負っていれば、時代の責任にしてその不条理を飲み込めるかもしれませんが、身近な日常での見た目はそのように見えない「しあわせな家族」が現代社会です。だから、よほど親子関係に冷める努力を持たない限り〝家族回帰〟への思いはつのるのです。そして、一緒に親や家族への恨みを聞いて〝ガス抜き〟してくれる大人や仲間がいなかったら、爆発は人格さえ崩しかねないのです。

結果として、ここ数十年の間に「家族の私事化」に時代の振り子が傾き、家族ゆえのつながりは形骸化したのです。他人《ひと》の無事が自分の無事であり、自分の無事が他人《ひと》の無事になっているという人間信頼の基本的学習の場は、家庭です。

少年たちが〝親殺し〟という衝動的行為に突き進んでいく一歩手前には必ず、時代性も無視できない〝家族回帰〟への願望があると私は思います。また、時代ゆえに背負わされた勉強、学力という画一的価値観から突然見放されたり、オフロードした子どもの中には、その人格の片寄りから〝親殺し〟の気持ちと似た事件・事故を招いていたりします。

そこで、家族の私事化に対して、どうしても親との関係を見限ることができず〝親殺し〟の気持ちと向き合い〝家族回帰〟に踏み出していった若者や、「親になるのは簡単だが、親であることは難しい」とこぼしつつ、つながることに気づいていった親の声に耳を傾けていきたいと思います。

【事例①】ホームシックになってみたい

ひとまず親元から遠く離れることで、〝親殺し〟の気持ちを紛らわすことができた。しかし、その一方で、子どもを心配する両親がいくら訪ねてきても、故郷を恋しく想う気持ちが湧いてこないと引きこもる若者がいました。

都内のはずれの寂れたアパートに住むＲ君（23歳）は家庭訪問した私を近くの公園に誘い出し、ベンチに腰を掛けると、ガムテープで修復した節約気味の靴を隠すようにして話し始めました。

「何回、僕を訪ねてきても無駄ですよ。孤独のほうが心が落ち着くんです。変わり者と思うでしょう。僕も好きでこうなったわけではないんです。もう親に裏切られたくないだけなんです。僕には親の〝無償の愛〟が信じられない。

そんなことを23歳になってもまだ求めている僕はやっぱり変でしょう。両親は訪ねてきても会わない僕に『どうして話してくれないんだ』って言うけど、会って話せば小さいころのことを蒸し返して、何をしてしまうかわからないのです。会わなければ傷つけなくてすむから、会わないのです」

Ｒ君はもう数年、無就労、引きこもり状態のまま共同トイレ・洗面所の安いアパートで暮らし、東北の実家に帰っていなかったのです。彼が父親への〝殺意〟だけではなく、家までも焼いて自分も死んでしまいたいと思ったのは、一浪後、大学受験に失敗した日でした。

「家の恥だ。おまえにかけた金まで返せとは言わないが、それなりにもっともらしい理由をつけて、どこかで生きてくれ」

父親の冷静に話す態度が、よりR君に見捨てられ感を印象づけたのです。R君は「かけてくれと頼んでもいない金をどうして返さなくてはならないんだ」と突き放すと、背を向ける父親の首をか細い腕で締め上げたそうです。それは衝動的でしたが、突き上がる思いは積み重ねのなかにあったはずです。ところが、体格的にも小さいR君はそのまま父親に背負い投げされ、反対にねじ伏せられたのです。翌日から、父親は何もR君に言葉をかけることはなかったといいます。なぜなら、父親のひと言は励ますつもりの言葉であり、それが傷つけた言葉になったとき、何も言葉が出なくなったのです。

「父親はいつも気まぐれで、感情に責任を持たない勝手な人でした。僕はいつも父親の感情を先に読んで振る舞い、合わせていたと思います。だから、この日の父親の落ち着いた言い方は珍しく、真剣でそのまま正直に受けとめたのです。

母親は〝犬猫を育てるよう〟に子育てをして、自分の思い通りに子どもが動かないと、罰なのか、嫌がらせ（口やかましくなること）をしました。旧家に嫁いできた母親は祖父母や近所の人たちの目を気にし、二人になると『後ろ指をさされない子になりなさい』と言い続けました。僕は両親には冷たさしか覚えていません。僕は『やっぱり旧家の息子』と人から言われるように努力していたら、口数の少ない、おとなしく、黙っていて『いい子』になっていたと思います。

中三になると僕は、言っていいこと、悪いこともわからなくなっていました。それから、両親との会話を減らして自分で結論を出し、心の中では親に意思を譲らないことに決めました。僕は両親から金を盗《と》って〝もっともらしい理由〟もつけずに突然に家出しました。唯一、父親への反発でした。いま、両親は車で自宅から８時間もかけて、おにぎりとおかずを持って『一緒に食べよう』と来ます。そのたびに玄関払いです。だって、もめたら（関係を）もとに戻せない親子なんです。

僕はいつになったら普通にホームシックな心になれるでしょうか」

私はそのときR君に「その寂しい自分の気持ちがホームシックなんだよ」と言いました。彼も両親とのつながりの希薄さを引きずりながら、家族、親という存在を空想のなかであこがれにしていたのです。その後、精神的に混乱状態になったR君は、両親に自ら頼んで入院しました。そして、その決断への道のりこそ〝家族回帰〟の証だったのです。入院する日、R君はそれまでに届けられていた父親の着古したセーターを身につけていました。

【事例②】わが子なら、殺されても逃げてはいけませんよね

次男（26歳）の家庭内暴力に悩み、一年ちかく子どもには〝行方不明〟と見せかけ、〝神出鬼没〟の行動を取っている父親（61歳）が、私の相談室に出入りしていたことがあります。いざというときには、どこでも休めるようにと一通りそろえた身支度用品をリュックサックに詰めて、いつも険しい表情で不安をこぼしていました。

「携帯電話で連絡は取っていたのですが、まさか親戚にまで私の行方を尋ねてくるとは思いませんでした。それからすっかり親戚関係は遠のいてしまいましたが、これ以上迷惑をかけてはいけないと、先月帰宅しました。ところが、いきなり『殺す』と包丁を私の首もとに近づけるのです。『俺の人生を返せ』と今度は私を威嚇しておいて母親をなぐるのです」

次男は大学卒業後、就職はしたものの、一年経って「人と合わせるのが疲れた」と退職しました。自室に閉じこもりがちな次男を心配した両親は、いくつかの相談機関を訪れましたが、似た若者事情を知って「あせらないで見守る」ことにしたのです。そして、三年が経過して突然に次男は〝親殺し〟を口にするようになりました。

「父親は俺に無関心で、母親は幼いころから手の掛からない優秀な俺に甘えてきた。その結果、俺は口は達者でも空気の読めない、女性とも付き合えない人間になった。俺が死んでも誰も悲しむ人はいないし、親のおまえたちのことで記憶にあるのは二年くらいだ。子育ての〝失敗責任〟で俺と死んでもらう。俺を殺してから死んでもらってもいいが、それも信用できないので俺が殺してから俺も死ぬ。それでいいな」

次男はこう言いながらも実行することはなく、一通り〝親殺し〟を話すと、別の方向へ話題を変えていくのでした。しかし、ちらつかせる包丁に、両親はその場に「ただ居て、ただ聞いている」しかなく、身動きのとれない奴隷状態だったのです。あっちこっちと相談室を訪ね、彼に「殺す気持ちはない」とアドバイスを受け帰宅しても、やはり次男の感情の起伏の激しさには震え上がっていたと言います。腫れ物にさわるような毎日に疲れて、最も攻撃の対象となっていた父親が母親を置いてまず〝行方不明〟になったわけです。

いつしか父親は携帯電話で次男に呼び出される状況となり、行方不明の意味もなくなっていました。そして、帰宅するたびに「殺す」と次男に詰め寄られるので、その対応を私に尋ねてきたのです。

「口だけだと思っても『殺す』と言われれば怖いし、包丁を突きつけられると自分の気の弱さを試されているようで、どうにでもなれという気持ちもあって『やれるなら、やってみろ』と息子に向かって言ってしまいそうな自分もいます。何だかこれも気持ちの中では逃げているようで……私の前で立ちはだかって『殺す』という息子から逃げてはいけませんよね」

私は、父親の葛藤こそ次男と向き合い「つながる」親のメッセージだと思いました。

「その気持ちを抱えてその場から逃げてください。殺されたら息子をこれから守ってあげられないでしょう。それに子どもに親を殺させてはいけません。そのために親子になったわけではないでしょう。逃げてまた帰ってください」

父親は素直な両面感情を肯定されて落ち着いたのか、さらに尋ねてきました。

「息子は妻になぐりかかろうとするとき、『おまえは自分の妻が殴られそうになっても黙って見ているのか』と私に問いかけます。なぐられる妻を傍観していて夫と言えますか」

親への甘え方が分からず屈折した形で〝家族回帰〟を問うしかない次男の悲しさが、私の心を締め付けたものです。

「その場から逃げないで、うろたえるしかない父親、夫の姿を見せてあげるのも子育ての一つでしょう。人はみんな弱い存在です。だから、うっとうしいときもあるけど、親子、家族になってお互いを支え励まし合って生きていくのですよね」

年明けの面接でした。

「私たち家族に春はきません。もうずっと冬です」と言っていた父親の顔が赤らみました。

「私は自分の逃げ道をつくって息子の話をただ聞いていただけでした。そうではなく、息子の心に一歩踏み込んでただただ聞けばいいのですね。私の子育てはこれからですね」

私は、再び次男と妻と「向き合う」ことの気づきを得て自宅に帰る父親に、このとき「春はくる」と信じることができました。それから父親は何かにつけ「べったり」してくる次男に包丁を突きつけられた恐怖も忘れて「いい年齢《とし》して……」と言いたい気持ちを押さえて向き合っていくことができました。

【事例③】僕は自分の道を進みます

人は生きていくなかで、不条理なことに何度も襲われます。そして、その「バラバラ」になってしまいそうな無力な自分の思いを丸ごと肯定し、懐に帰してくれる関係が家族の「つながり」です。そう思うと子が抱えてしまう〝親殺し〟の感情ほど不条理なことはないのです。

数年前にある中学に生徒講演にうかがいました。そのとき送られてきた手紙の感想から文通を始めた男子生徒がいます。一時は空想的世界に身を置いているような心もありました。高校生になって彼なりに有形、無形の現実的「つながり」のなかで、〝親殺し〟の不条理を乗り越えたのです。印象的なお便りを紹介します。

＊　＊

「親戚の家から高校に通うようになって半年が過ぎました。先日はお手紙をいただきありがとうございます。先生はその後お元気でしょうか。

聞くところによると父も母も働きに出たようですが、相変わらずギャンブルで、祖父母や遠い親族にまで苦難を与えているようです。母と話すと『金がない、金がない』と言い、親戚に預けられて肩身の狭い思いをしている僕の話など聞く気はありません。しかし、無職だった両親を思うと少しは自立の兆しも見えます。それに、同情の余地もあります。母は長女で妹と弟がいます。幼いころから『箱入り娘』として育てられ、ずっと他人の指示通りに動いてきた人です。父は末っ子の長男で姉がいます。父方の祖父母がずっと育てていたので、いまごろになって自我が出ているようです。

このように両親のことを優しく見られる気持ちになれたのは聖書のおかげです。教会で神さまの教えを身につけているところです。

だからといって、父母の僕への行為は許されません。あまりの暴力（虐待）に警察に、手紙を送ったこともあります。父母を刑務所に送ろうとしたのです。

僕はいま、県の相談所の課長さんと、定期的に面接をしたり手紙のやり取りをしています。

父母の僕への行為は社会的に罰せられるべきものであったと思います。父はおそらく『ギャンブル依存症』でしょう。麻薬と同じで一度やったら止められません。母は僕に『共依存』的です。

でも父母は父母です。僕は僕です。僕は自分の道を進みます。―（中略）―
毎回、このような文ですみません。これからも行事が山ほどあり忙しいのですが、先生、お互いに精進しましょう」

＊　＊

〝親殺し〟の前に〝子殺し〟の恐怖にさらされてきた彼の生い立ちがよく見えてきます。にもかかわらず、両親の不条理にまで心を寄せることができたのは、出会った大人を援助者として信じ〝親殺し〟の気持ちを吐き出せたからです。そして、決して見失ってはいけないのは、人を信じて「甘える」勇気が、彼の心の奥底に育っていたということです。それは、すべてがとんでもない親、家族であったわけではなかったと、彼が自ら気づいてくれたおかげです。それだけに思うことがあります。

最近の相談のなかに、偏差値世代による高齢となった親への〝生かさぬように殺さぬように〟の虐待的暴力が増えている気がします。幼児期、思春期におけいこ、勉強に押し込められ、親に「かまってもらった」という気持ちがないために、成人して子育てや社会での人間関係のなかで、わが子や同僚、異性とのふれあい方が分からないというのです。その苦悩を「心理的虐待」と年金生活前後の親に訴えているのです。

ところが、団塊世代の親にとって虐待の理解は「身体的な虐待」です。体に傷跡の残らない「見えない虐待」は〝愛情〟という受け止めしか分からないのです。その理解のズレが、いい年齢《とし》した〝赤ちゃん返り〟から〝親殺し〟的虐待へと衝動的に境界を越え、自己不一致の危機に子は陥っているのです。

今、子育てのエリート、セレブをあおる教育雑誌が成果主義世代のビジネス〝パパ〟〝ママ〟にかなり読まれていますが、私的には〝親殺し〟の連鎖を警告しないわけにはいきません。時にはわが子に〝期待しない〟という愛情のかけ方もあるのだと。

【10の提案】変わらぬ現実に「いじらしい子」と思えたら〝八合目〟

〝親殺し〟一歩手前にいる子への親の関わり方を相談現場から提案しておきたいと思います。

①子どもの弱音や愚痴や、時には悪態は〝家族回帰〟への願いであるから、そこに、子は子なりの不条理を抱えている。まず、上の空で聞くことなく、ひとしきり聞いて、一切アドバイスも励ましもしない。そのうえで後は聞き流すこと。

②親子関係に卒業式はないので、たとえ孫が誕生し、わが子の年齢がいくつであったとしても、幼子と思って対応すること。

③「死にたい」と口にしたら、いつか「殺したい」と言う日がやってくると覚悟する気で耳を傾けること。

④〝家族回帰〟を求める〝親殺し〟の感情を受けとめきれずに、逆なでする対応をしてしまったときは、すみやかに「ごめんね」と言って関係継続に努力すること。
⑤危険な行動には素直に小心さをさらけ出して、子どもに「助けて」と甘え、暴力には逃げて拒否すること。そして、帰宅する勇気も忘れずに。
⑥カウンセラー的援助者と必ずつながり、子どもとの関係が和んできても二年くらいは連絡を取り合うこと。「喉元過ぎれば熱さを忘れる」は親子関係にはつきものである。親しい間柄であるだけに感謝の心を忘れ、ぞんざいになりがちである。また早く嫌な思い出の「熱さ」は消したいから。
⑦子どもに〝親殺し〟の感情が鎮まってきたら、何気なく、幼児・児童期に無頓着にも押しつけてきた「見えない虐待」を細切れに家族でつぶやいて反省していくこと。
⑧子どもの誕生前後、生後二年間のなかで、親に手をやかせたわが子との関わりをほほ笑ましく語ること。
⑨成功話にもっていくことなく、親のずっこけぶりな人生体験を悲愴感なくそれとなく語ること。
⑩買い物や旅行に出かけたときなどは必ず、「妻（夫）の好む物」「子どもが喜ぶ物」などを考える時間を取ること。買う、買わない、話す、話さないにとらわれない。そして、思いを馳せるひとときにほほ笑みが出てきたら、もう〝家族回帰〟の〝八合目〟です。

そして、〝親殺し〟一歩手前の現実は変わらなくても、今日、少し物理的に離れていることで、わが子が「いじらしく、健気に」思えてきたら、もう春は「すぐそこ」と思ってください。

第3章

キレる前に気づいて

怒りの背後に潜む感情

人生を俯瞰するようなことわざがあります。

「子ども叱るな来た路じゃ

年寄り笑うな行く路じゃ」

他人事だったら叱ったりはしません。子どもの将来を案じて叱るのです。しかし、叱られる側の立場も察してこその叱り方を心がけたいものです。そのコツが「自分も来た路じゃ」と戸惑うことです。するとそこに、ただ腹が立って怒ったわけではないという愛情が生まれてきます。ためらう〝間〟の大切さです。

また、寄る年波となれば物忘れも進み、心は実年齢とはかけ離れて幼い〝だだっ子〟にもなります。一緒に暮らしていれば自我にすがり、固執するその様を見て怒ったり、思わず笑ってしまうこともあるでしょう。そのとき、ここでも戸惑って笑う自分自身と向きあってみるのです。いずれ私も「行く路じゃ」と。すると自分勝手な怒りから笑いとなったさげすみも、いたわりのほほ笑みになるのです。

「怒り心頭」といいますが「怒る」とは相手をおもんぱかっての「叱る」よりも、自分の感情をそのまま爆発させたものです。「怒りっぽい人」「怒りん坊」と思わず言ってしまうこともありますが、相手のがんこさと付きあうには手間がかかります。だが「怒り」たい気持ちを察して少し時間をとれば意外に「怒り」や荒れは鎮まって、こちらの思いを受け入れてくれたりするものです。相手の「怒り」を買ってまで怒らないでいたことに安堵したりします。

暮らしていくなかで「加害者」になる青少年事件と無関係ではいられない「怒り」の背後にはどんな思いがあるのでしょうか。

■「怒り」は生きるエネルギー

相談を通じて思わず「その程度のことで、そこまで怒らなくてもいいのに……」と、内心思えてしまうような親と子と出会うことがあります。一方で「少しは怒ったらどうなの」と、冷めきった〝能面〟のような表情に声をかけてみたくなるときもあります。

喜怒哀楽は人間の自然な感情です。それは人とのやり取りを通して言葉やしぐさに表現されたりします。

「顔で笑って心で泣いて」といえば切なさ、哀しさが伝わってきます。

「歯ぎしり」からは、ひどく悔しい思いが感じられてきます。「腸《はらわた》が煮え返る気持ち」と言われればそこに激しい怒りを抑えて踏ん張る心意気をみたりします。

このように考えみると「怒り」もその人にとっては大切な生きるエネルギーです。その「怒り」の表出を「みっともない」「はずかしい」と必要以上に押し殺させていくと、見た目のおとなしさとは裏腹におぞましいほどの猟奇的妄想を増幅させることもあります。

そう思うとあくまでも「ほどよく」ですが、適度にムカつき、キレてくれる人がありがたいし、自分もそのようでありたいです。そこで再び相手を意識できるからです。

いずれにしても、秘めたるものも含めて「怒り」とは自我の訴えであり、ときには「自分勝手」と言われながらも「私を理解してください」という叫びがあります。それは存在そのものを善し悪し関係なく肯定されていない一人ぽっちの心の寂しさです。「怒り」はとりあえず「相手にしてほしい」「かまってほしい」という年齢を問わない心のサインです。

「怒り」はストレートな感情表出のため、調整は客観的に間《ま》をとって「もう一人の怒っている自分」と向きあう必要があります。これが子どもには特段難しい。しかし、仲間集団のなかで生きていくという社会性を考えると、この「怒り」の〝ガス抜き〟をしつつ感情のコントロールを会得していくことは、子どもにとって大切な生きる術の学習です。

自我とのせめぎあいにもなる「怒り」の感情調整の学びは、プライドが身につく二十歳過ぎてからでは取り組み難いのです。まして他者の「自己愛」に無関心で自分中心に「自分らしさ」を捉えて生きてきた若者には難題です。これは「プライドぐらいなかったら大人の顔して生きていけない」と呻吟する引きこもる若者と関わり続けての実感です。

自我を持てあます思春期あたりから「怒り」をほどよくコントロールする知恵を学びたいものです。

そのためには、親やまわりの大人が必要以上に迷惑のかけない「怒り」の表出を、子どもたちにお手本として子育て中に見せていくことです。同時に、子どもの心の奥底にある「怒り」に気づいていくことです。そしてそこに潜むメッセージを理解し、子どもにフィードバックするのです。

すると「怒り」をくみ取り、吸い取ってもらえた気持ちの良さが間をとる勇気を育てるのです。「キレる前に気づいてよ」と親や先生に「怒り」の感情を抱えている子どもたち。その表出される感情には寂しさ、心細さがあります。その心を理解することなく構えた言い方で突き放したりしたとき子どもは暴力的に「キレる」ことがあります。

そして、子どもの「怒り」はかつて親の私も「来た路」と受けとめたとき、子どもは親の懐に「キレる」ことなく素直に還り「怒り」を鎮めることができるのです。

「怒り」の臨界状態をさまよう子どもたちの相談室でのつぶやきにふれてみます。

強迫社会が怒りを増幅させる

父や母も謝ることのない大人たちだった。だから、父や母から「素直に謝ることのできない子だ」と言われたときカッとなって言った。

「そういう人間にしたのは誰だ！」

父親も母親も「正しい人」です。互いに自分の考えを譲ることはない。だからいつのまにか、家庭で両親が争うことも、わかりあう姿も見ることはなかったといいます。それぞれがバラバラで暮らしている感じがしたのです。もめそうな話題は出さないで、会話も必要以上になかったのです。

少年（高一）は「感情のない家庭」と思っていたようです。ある日、母親の財布から一万円札を抜いて買い物をしました。数日後、母親に尋ねられて認めた少年はこう言いました。

「嘘をつくことは悪いことだが、つかせたのは親だ。ほしいと言っても認めるわけがない人たちだから」

母親は「必要と認められればお金をあげた」と言いましたが、少年は「認めるわけがない」と言い続けたそうです。互いの言い分は平行線です。

そこで母親が少年に「まずは素直に謝ったらどうなる」と言いました。すると少年は「謝ったら僕の考えが間違っていることを認めることになる」と返答。母親を慕い、かばってほしいと願う少年の心の寂しさが「怒り」に変わって臨界点を越えたのです。

今、対人関係のなかで自分の心の〝枠組み〟、自我を揺さぶられたり、批判されることに強迫的なまでに不安になり防衛的になっている大人がいます。親の多くは偏差値世代でもあり、比較のなかで育ち、自己肯定感を見失っています。そのためか否定感が強く、失敗することに極端な恐れをもっています。対人関係まで完璧を求めて、「石橋を叩いても渡れない」ほどの不安感を抱えています。時代も論理的コミュニケーションを重視しています。詰め将棋のような、自分にとって「正しい」対話が通らなければ「怒り」の感情も起こり、キレるか冷めるかの関係をとりがちです。

すると、粗相なく「正しく」生きてこられた親ほど自我にこだわり「〇〇であるべきだ」「〇〇でなければならない」となります。「べき」から外れることができない。このように強迫的子育て環境が強迫的な子どもを生み、怒りの感情を助長させているようです。

江戸落語を聴いていると、次の三つの台詞がよく出てきます。「やならやめろ」となぐさめて、「しょうがねえな」とねんごろにいたわる。そして「なるようにしかならない」と諭す。このひと言で「怒り」が鎮まって、また仲良く暮らしていくのです。あいまいさの肯定です。

ところが現代は評価・成果主義的で、自己責任を強迫的なまでに問われる社会です。だから今どきの「怒り」の感情には自我へのこだわりと、相手を「〇〇すべき」と追い込む強迫的価値観が背後に潜んでいるように思えます。

「謝らなくてもいいような暮らし方」を完璧なまでに親は子に見せているのかもしれません。その結果、ここに登場した少年も素直に譲る、謝る学びを体験することなく育ってきたのではないでしょうか。その後「謝っても〝敗北〟ではない」と気づけたことで少年は「怒り」の鎮め方を自覚できていきました。

＊　＊

「私、『いい子』をやめました。でもその〝後遺症〟なのか感情のコントロールができません。家族をビクビクさせたくないのに、させています。止まらない怒りと、だんまりの極端さに死にたいほど苦しんでいます。

中学二年生ごろから彼女は友だちから「変わってる」「ズレてる」「へんな子」と言われるようになりました。その場の感情の交流に一歩出遅れてしまい、間《ま》の悪い感じでいたのです。

感情の表出が自然にできず一つひとつまわりの会話や気持ちを確認してからスイッチを入れるような心の状態です。その様は不自然で、仲間から浮いていたのです。必死で後追いして合わそうと〝過適応〟する彼女に、友だちは少し怒り気味に言いました。

「無理して合わせなくていいから、そこにボーッとしていたらいいんだよ。世話するの、めんどうなんだよ」

それから彼女は毎朝、登校前に洗面所で〝表情トレーニング〟を始めるようになりました。大きく目を見開いて怒ったり、笑ったり、喜んだり、悲しんだりして〝表情スイッチ〟の切り替えを鍛えたといいます。演技やコントの練習ではなく、「学校での生命に関わる」ことなので「死にもの狂い」だったそうです。

両親は彼女の胸の内を聞きましたが「そんなの気にしないで、友だちとして相手にするな」と「立ち話」でアドバイスしました。そして「勉強ができれば友だちは自然に寄ってきて認める」と励ましたのです。

両親のアドバイスは的中しましたが「認められているよりも利用されている」感じがして、より寂しさはつのりました。

そして、中学三年生になってクラスでのあることをきっかけに彼女は突然、席を立つと窓ガラスを素手で割り、誰彼かまわず「フザゲルナ」と、彼女らしくない言葉で怒りをぶちまけました。それからの彼女はクラスで「腫れものにさわる」ような接し方をされて卒業しました。

高校生になって彼女の衝動性は家庭の中で強く現れるようになりました。両親は彼女の「我がまま」に合わせるしか、その怒りの感情を鎮めることはできません。もちろんそれで彼女の寂しさ、孤立感から起こる多様な怒り方がコントロールされるわけではありません。すねる、いじける、悪態、疑い。自分勝手に両親にあたりちらし、そして彼女自身も疲れていきました。

相談室で彼女が怒りの感情を露わにすることはありませんでした。しばらくしてそのわけを語りました。

「私、カウンセラーという先生はどんな私でも受けとめてくれる人と思い込んでいました。だからそんな先生を失いたくないと思っておとなしくしていました。これがいけないんですね。先生と気持ちがすれ違うこともありました。それでもそこでやめないで面接を続けていくとまた私の気持ちもわかってもらえたし、先生の言っていた考えも理解できました。せっかちになってはいけませんね」

手を焼く「怒り」は親しい関係のなかで起こり、またそこで問題となります。一見《いちげん》さんの関係なら「そんな人もいる」で済んでしまいます。「仲良く暮らしていく」身近な関係にあってはいつも相手の「怒り」に寛容ではいられません。でも「怒り」は自然な人間の感情です。親しくなればなるほど自我と自我がぶつかりあう。そこで人は葛藤を抱え、折り合っていくことで、人生の豊かさと出会うのです。人間理解の醍醐味です。

人とは、人間関係とは変化していくものです。その変化のなかで喜怒哀楽の感情を味わいつつ人とつながっていく。「せっかち」になるとその変化が待てなくなります。

「日にち薬」という言葉があります。日を重ねて付きあい続けていくのが人間関係の〝妙薬〟というわけです。せめぎあうなかで「怒り」も起こります。しかし親しい関係を継続するためには、折り合う喜びの言葉が必要です。

彼女は「怒り」を押さえずに〝小出し〟しながら「言い過ぎてごめんなさい」を添えることができるようになりました。そして「ごめんなさい」が「ありがとう」という思いと言葉を〝訓練〟ではなく、面接という関係のなかで自然に引き出すことができたのです。

「怒り」を「甘える」表現に変えて

現代の子育て真っ最中の親やそこにいる子どもたちが怒ってキレる前に、まわりの人たちに気づいてほしいのは、彼らが素直に「甘える」メッセージを出せない、ということです。「お互いさま」で生きていく感覚が育っていないので「怒り」をコントロールできなのです。

「怒り」は自他の関心のなかで起きてこそ生きるエネルギーとなり自己肯定感につながります。怒ってもいいのです。だが、関心があるなら、怒ったり叱ったりした後では「なんとなく心がさみしくなってしまい、ごめんなさい」と甘えてゆるしてもらうことです。「せめぎあって、折り合って、お互いさま」で「怒り」はコントロール、鎮まっていくのです。

心を寄せる川柳があります。


「俺に似よ俺に似るなと子を思い」（麻生路郎）

「怒り」に悪気はないとしたら「私の自我（エゴ）です。ごめんなさい」と謙虚に謝る姿を子どもたちにかいま見せていくことが、私たち大人の役割ではないでしょうか。

◉まとめの意味で……

■わが子を「加害者」にしない関わり チェックリスト50

子どもとの関わりについていろいろな想いをめぐらしてきたと思います。さて、ここでは、まとめの意味で、親子関係の日常のチェックをしていきたいと思います。

これは〝診断〟などといったオーバーなものではなく、自己点検という意味あいで付けながら、あらためて子どもとの日常の生活をふり返っていただければ幸いです。

記入にあたっての注意事項は次の通りです。

①父親、母親として自分自身で回答してみてください。その内容は子どもとの関わり全般について用意されています。あまり事柄にとらわれずに類似のイメージで判断されても結構です。

②各質問について「ハイ」のときは☑をつけてください。回答は肯定的に書かれていますので、「ハイ」の場合はこのまま子育てを楽しんでください。「イイエ」(否定)のところは、少し生活の見直しをしてみてください。なるべく「ハイ」か「イイエ」にして「どちらとも

いえない、わからない」を少なくしてみてください。

③このチェックリストは自己評価するものです。これを参考にして、子育てをかけがえのない営みにしていただければ幸いです。けっして決めつけ、否定するために利用するものではありません。

④一回限りのチェックリストにしないで、思い出したら何度でも付けてみてください。きっと、子育てに変化が生まれると思います。

1□　あなたは家族の一人ひとりに支えられていると思いますか
2□　父親も子育ての当事者であるという自覚をもっていますか
3□　子どもは「社会の宝」だと思いますか
4□　いかなる子であろうとも、ありのままを受けとめ、その成長を願っていますか
5□　子育てについて家族で食い違っているときは、互いに理解するように努めますか
6□　子育ては家庭によってみんな違うと思いますか
7□　いまの子育てが、思春・青年期にも影響すると思いますか
8□　子どもが遊びに夢中になっているのを見守っていられますか
9□　子どもと一緒に遊べないときは無理をしないでボ～としていられますか
10□　子どもの成長に月１回は関心を寄せていますか

11□ 子どもの生きる意欲を引き出す工夫を月1回は努力していますか
12□ 子どもとの関わりについて妻（夫）にその内容を話せますか
13□ あなたは子どもの生い立ちを物語ることができますか
14□ あなたは抱っこやおんぶについて子どもとのなつかしい想い出がありますか
15□ 子どものオムツ交換に立ち合って「きもちいいね」と声を掛けたことはありますか
16□ 子どもの片言のメッセージに真正面から向きあったことがありますか
17□ 子どもの遊びにあなたもたまには付き合いましたか
18□ あなたの心がどんな状態でも、わが子の笑顔を「かわいいな」と思えた時がありましたか
19□ あなたは子どもの身なりや態度に気をかけてあげていますか
20□ 子どもの生活リズムを意識したことはありますか
21□ 最近、子どもと体と体のふれあいをしましたか
22□ 子どもと素直に気負いなくふざけあうことができますか
23□ 甘えてくる（弱音をはく）わが子の気持ちを受け入れられますか
24□ 子どもからの質問に、忙しくても付き合う努力をしていますか
25□ 子どもの「自分からやろうとする気持ち」を大切にして待てますか
26□ 食事で大切なことはその場の雰囲気だと思いますか
27□ 兄弟ゲンカをしばらく見守ることができますか
28□ 子どもの好奇心や興味に関心をもって対話できますか

29□　自然を含め「生命（いのち）」の働きにに関心をもたせていますか
30□　気持ちを話せない子に、ゆっくりと対応していますか
31□　子どもの要望に対してすぐに結論を出さないように努力していますか
32□　子どもが不安や緊張を起こさないようにと何らかの努力をしていますか
33□　あなたはいつも心を開いて、気持ちを伝え合う、分かち合う努力をしていますか
34□　あなたは子どもの状況を察して、弱音を吐かせてあげるように努力していますか
35□　子どもの否定的感情を共有できますか
36□　自分の子どもから慕われていると思えますか
37□　子どもから話しやすい存在になることに努めていますか
38□　あなたの家はあなたにとって、和やかでくつろげますか
39□　食卓の座り方などをときどき変えたりしていますか
40□　「家がいいな」と子どもがいえる環境づくりをしていますか
41□　子どもたちの〝ケンカして仲直り〟のプロセスを「生きる力」としてみとめられますか
42□　子ども一人ひとりの持ち味を考えて、その活躍の場を考えていますか
43□　子どもの質問にすべて答えるのではなく、一緒に問題解決に悩むようにしていますか
44□　基本的にあなたは、あたたかな言葉づかいをしていますか
45□　子どもに自ら挨拶し、必要な子どもであると具体的なメッセージをかけていますか
46□　子どもが話しかけてきたとき、結論がわかっていてもゆっくり聞いて会話していますか

47□　あなたは地域の子どもの名前（子どもの幼なじみの子）を何人か言えますか

48□　「……しなさい、早く」「だめ、いけません」等の絶対表現を使わない努力をしていますか

49□　子どもがもっているだろう感動秘話を具体的に話せますか

50□　子どもとのコミュニケーションを「意識的」につくっていますか

エピローグ

事件を回避する感覚「瞼の母」

・「原風景」が思い出せないお母さん、お父さん

子どもたちが犯罪の被害者、加害者になる陰惨な事件が続いています。そして、大人も含めて誰一人として、その当事者にならないと断言できる人はいません。

そこで、当事者になる〝命の危機〟を回避できる感覚、センスを身につけたいものです。さらに、それがコミュニケーションスキルにまで普遍化できたらいいですね。

偏差値世代といわれたりする親の子育て相談の中で、こんな寂しさがつぶやかれたりします。

「私には先生が言われるような、無力なときに思い出せる、包み囲んでくれた親との〝心の原風景〟がありません。私は小さい頃から両親、とくに母親から虐待を受けてきました。あるとすれば、思い出したくないトラウマの場面ばかりです。だからずっと、忘れようと努力してきましたので、今はボヤッとした感じです。でも、つらいです。子どももいる40歳代の母親なのに、70歳を過ぎた母親を困らせています。私も母親も、甘え方の分からない、変な親子です」

母親の親は、日本の高度成長期の恩恵を受けて働き、労働条件も満たされ、物質的にも豊かな生活を築いてこれた世代です。

母親にはその親との間に良き心の思い出がないというのです。口にする虐待のほとんどは心理的なもので〝言葉の暴力〟です。そして子育てだけでなく、何事にも自信のない日々に親との心のつながりの希薄さを訴えるのです。

夫にこの寂しさを打ち明けてもいますが、互いに経済的、精神的にも個性と合理主義を尊重してきた世代だけに、意外にもサバサバした聞き方だったりするのです。一方、本音のところは妻である母親と同世代なので似た思いを親にもっていたりします。

ある相談に訪れた父親の胸の内です。

「父親だけでなく、私の母親も忙しい人で、私はずっと〝鍵っ子〟でした。朝、私の首に鍵の付いたヒモを掛けておけば、それで子育てはやっていると思っているような母親でした。学校から帰宅して鍵を開け、そして玄関にカバンを置いて塾に行くような、親の居ない生活のくり返しでした。たまに、誰もいない家にいるのが寂しくて、ずっと外で待っていると、帰宅してきた母親に『鍵をもっているでしょ』と叱られたりもしました。私が病気になっても『これから仕事に行くけど、一人で寝ていられるね』と母親に言われれば、『イヤー』とは言えませんでした。私は、マイホームを共働きで建てて喜んでいる両親を見て、とても一緒に喜ぶ気にはなれませんでした。だから私は母親の子どもであることを、まだ実感できないでいるのです」

高度成長期を生きた親は老いて介護も他人事ではありません。そしてこの世代のお母さん、お父さんは不安定雇用と先へのライフプランを描けない状況をかかえ、さらに加速する人間関係の希薄化の中で、肉親や故郷への愛情にあこがれを抱いているのです。

事態は深刻です。「子育てする時間がない」と〝時間貧困〟を訴え、さらに〝子育て貧困〟をやむを得ないと語る親も出ています。とくにシングルの親は、少しでも収入をと無理な働き方をつづけ、「子どもの心の異変に気づく余裕はなかった」と、わが子さえ持て余す心境を嘆きます。ところが、とりわけ幼児期の子どもは、親なくして生きていけません。いくら〝子育て支援〟で保育園が充実しても「保育士の先生はみんなの先生」で、親にはなれません。送迎で「おかあさんだよ」と言えるのはこの世に唯一の母親です。そしてわが子が思春期に入れば他人との人間関係に深く葛藤し、不安を抱えていきます。

相談を通していつも思い浮かぶ光景があります。高速道路を車で走り帰省する時に、前方から見えてくる横断幕の「安全運転がなによりもお土産」的な標識です。飲酒運転禁止の啓発にも、親子、家庭の良き一面が破綻する印象的な言葉が出てきます。

つまり、いくら行政サービスとして交通指導員、青少年補導員、スクールカウンセラー、ソーシャルワーカーを充実させても、当事者になる自分の〝命の危機〟を最後に救うのは自分の一瞬の判断力であり、それを自覚させるのは家族や周りの人との人間関係です。

プロローグでも書きましたが「あなたの命はあなただけのものではない」という声なき声が〝瞼の母〟とともに聴こえてくることではないかと思うのです。

「その場からすぐに家に帰ってきなさい」

「その行為はあなた一人では背負いきれない罪です。気持ちは分かるけれど思いとどまって」

そんな感覚を呼び起こす〝瞼の父〟〝瞼の担任教師〟とのかけがえのない面影が記憶にあるかということです。冒頭の親にはその原風景が見あたらないのですね。

それは子どもの好きな物を買ってあげた、高いお金を出して塾や習い事に通わせたとか、目をかけたということではなく、互いに不条理な現実をただ辛抱するしか乗り切れない無力さの中で一緒にいるしか他に術のなかった場面に関わってきます。かつての私なら、夜間診察もない中で持病のぜん息に母が看取ってくれたことです。無力さの〝合わせ鏡〟のなかで踏ん張った母や父、先生、この手間をかけた関係です。その関係が〝命の危機〟を感じたときに瞼を閉じれば〝呼び声〟のように聴こえ、思い出されることが大切です。

この感覚を日常のなかで無意識になりがちな家族、親子で確認し、高めることが必要です。手間をかけることがつながりとしてスキルアップしていけばいいのです。

・やくざな心から足を洗えた「忠太郎」

大衆演劇が好きだった両親の影響を受けて私も後に歌舞伎で観劇した、長谷川伸・作の『瞼《まぶた》の母』に有名な台詞《せりふ》があります。

『おっかさんに逢いたくなったら、俺ぁ、目をつぶろうよ』

「おっかさん」を「原風景」に置き換えてみると、何となくこの台詞の深みが伝わってきます。

私には同世代で当代屈指の実力と人気を築いた十八代目・中村勘三郎の『瞼の母』の場面が次々と浮かんできます。勘三郎丈が浄土に還る日に、こっそりと葬儀会場の築地本願寺の本堂下で合掌していたら、舞台とは異なった男っぽい坂東玉三郎丈が車から降りてきて鉢合わせしましたね。『瞼の玉三郎』です。

さて物語は、幼い5歳の頃に生き別れとなった母親を瞼の裏に描き続けた忠太郎《ちゅうたろう》が、身は博徒《ばくと》になりながらも念願かなって再会を果たす、という話です。しかし江戸・柳橋の一流料亭の女将《おかみ》におさまっている母親のおはまは、会いたかったらどうして堅気で来なかったのか、と警戒する心をのぞかせます。この身代目あてと追い討ちをかける母親に返した嘆きの台詞も有名です。

『親に離れた小僧っ子が、グレたを叱るは少し無理、誰がグレねえようにしていたんだ。……よし、堅気で辛抱したとて喜んでくれる人でもあることか、裸一貫、たった一人じゃござんせんか。はハハハハ。ままよ身の置きどころは六十余州の何処といって定まりのねえ空の下、飛んで歩く旅人にまた逆戻り、股旅草鞋《またたびわらじ》をすぐにも穿《は》こうか。……永え間のお邪魔でござんした。それじゃ、おかみさん、ご機嫌で、二度と忠太郎は参りゃしません。……おかみさんには娘さんがあるらしい。一と目逢いていい。それも愚痴か。自分ばかりが勝手次第に、ああかこうかと夢を描き、母や妹を恋しがっても、そっちとこっちは立つ瀬が別々……。考えてみりゃあ俺も馬鹿よ。幼いときに別れた生みの母は、こう瞼の上下ぴったり合わせ、思い出しゃあ、絵で描くように見えてたものを、わざわざ骨を折って消してしまった。おかみさん、御免なさんせ』

こう言い残して、一人寂しくつぶやき去っていく幕の台詞が『逢いたくなったら……』です。そしてラストはいろいろなパターンがあって、大衆演劇では再会し手を握り合ったりします。ところが歌舞伎では、あらためて忠太郎を追ってくる母親、妹（異母兄妹）には逢わずに再び旅に出て行くのです。

この物語に親子関係の切なさ、根っこを見ます。「堅気」を諭す母親に子どもながら理不尽な境遇の中を必死に「ぐれねえように」生きてきたことをまず忠太郎は認めてほしいということです。そして母親にも忠太郎を置き去りにして出て行く理不尽な事情はあったにせよ、どこにいるかも分からぬ母との想い出を、瞼に宿して一人で生きてきたことに、いたわりの言葉をかけてほしかったのです。

少年事件の加害者、被害者の当事者になったり、簡易テントをもって野宿（家出）したり、ネット難民化する子どもたち。あるいは引きこもりから親への執着を増幅していく若者の心情と共通した思いを感じます。だからカウンセリングで虐待、引きこもりへの経緯、生い立ちを深く聴いていると、この「忠太郎」が思い浮かんできます。純に母（親）を慕っているのです。

歌謡浪曲で一世を風靡した三波春夫が歌う『瞼の母』の歌詞を味わってみませんか。

忠太郎は追ってくる母を知って肯定され、親をも肯定できたのです。だから、素直に逢わずに「笠も合羽も投げ捨てて」自分の人生を歩き始めていくのです。「泣いて瞼の母を抱け」はなんとも力強いメッセージではないでしょうか。

私は時々、長谷川伸・作のこの『瞼の母』や『一本刀土俵入り』の「駒形茂兵衛」の物語を講演などで語ることがあります。するとインターネット世代の子どもたちの中に涙する子どももいるのです。

子どもは母や父が無力な身の自分を〝絶対肯定〟してくれたという面影を支えに人格形成されていくのです。人には、生涯にわたって幼きころに共に肯定しあった「瞼」の母や父が必要なんですね。

「瞼の母」を忘れていたら、親は子に押しつけることなく、心の危機をチャンスにして語ってほしいのです。そうして関係としての「いのち」の働きが他人事ではないと、日常的に実感できれば、犯罪当事者になる道は狭められていくのではないでしょうか。

長谷川 伸・原作『瞼《まぶた》の母』より

『瞼の母』

作詞•作曲／北村桃児

母の面影《おもかげ》　瞼の裏に
描きつづけて　旅から旅へ
昨日《きのう》は東と　訊《き》いたけど
今日は西だと　風便り
縞《しま》の合羽《かっぱ》が　泪《なみだ》に濡れて
母恋《こ》い番場《ばんば》の　忠太郎

母は俺《おい》らを　どうして捨てた
恨《うら》む心と　恋しい想い
宿なし鴉《がらす》の　見る夢は
覚めて悲しい　幕切れさ
生まれ在所《こきょう》も　遙《はる》かに遠い
母恋い番場の　忠太郎

母は子を呼び　子は母を呼ぶ
朝の光りも　東を染める
荒川堤《づつみ》を　駆《か》けてゆく
笠も合羽も　投げ捨てて
嬉しかろうぜ　親子じゃないか
泣いて瞼の　母を抱《だ》け

富田富士也（とみた・ふじや）

静岡県御前崎市出身。
教育・心理カウンセラーとしてコミュニケーション不全に悩む青少年への相談活動を通じ、絡み合いの大切さを伝えている。「引きこもり」つづける子どもや若者、その親や家族の存在にいち早く光をあて、『コミュニケーションワーク』の学びを全国的に広めている。千葉明徳短大幼児教育科客員教授、千葉大学教育学部非常勤講師等を経て現職となる。

■現職　「子ども家庭教育フォーラム」代表
文京学院大学生涯学習センター講師
日本精神衛生学会理事
日本学校メンタルヘルス学会運営委員
日本外来精神医療学会常任理事
ＮＰＯ法人「保育ネットワーク・ミルク」顧問

■主な著書　『新／引きこもりからの旅立ち』シリーズ①
『言ってはいけない親のひと言』シリーズ②
『子どもが変わる父のひと言』シリーズ④
『傷つきやすい子に言ってよいこと悪いこと』シリーズ⑤
『子育てに立ち往生の親子へ』シリーズ⑥
『「いい子」に育ててはいけない』
『子どもの悩みに寄り添うカウンセリング』
『父の弱音が荒ぶる子を救う』
『子どもの心が聴こえますか？』
『いい子を悩ます強迫性・パーソナリティ「障害」全対応版Ｑ＆Ａ』
●講演ＣＤ　『ぼく、心が痛いよ』
上記、すべてハート出版より

講座（文京学院大学生涯学習センター）
著者への個別相談・講演・コミュニケーションワークショップ等へのお問い合わせは下記。

[子ども家庭教育フォーラム]
〒270-2253 千葉県松戸市日暮2-6-7　ベルテ松戸101
TEL.047－394－6000　FAX.047－394－6010

わが子の声なき声を聴きなさい

平成27年９月16日　第１刷発行

著　者　富田 富士也
発行者　日高 裕明
発　行　株式会社ハート出版
〒171-0014　東京都豊島区池袋３－９－23
TEL.03-3590-6077　FAX.03-3590-6078

ISBN978-4-8024-0003-9

編集担当／藤川、佐々木　　印刷／大日本印刷株式会社　　乱丁・落丁はお取り替え致します

富田 富士也

『いい子を悩ます強迫性・パーソナリティ「障害」
全対応版Ｑ＆Ａ』

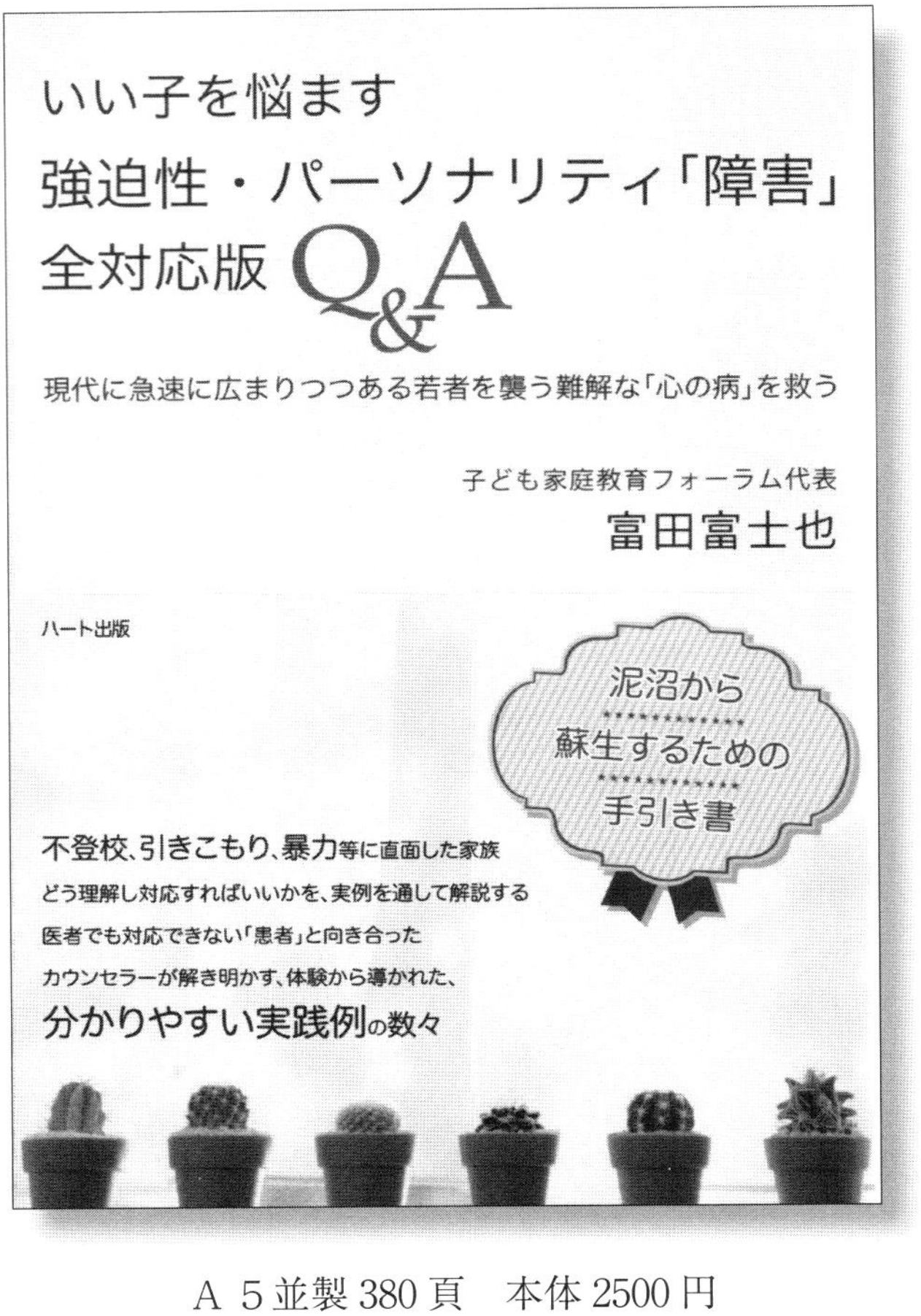

Ａ５並製 380 頁　本体 2500 円